RKW RATIONALISIERUNGS-KURATORIUM DER DEUTSCHEN WIRTSCHAFT
Rationalisierungsgemeinschaft Mensch und Arbeit

HEFT 2

Arbeit recht verstanden

Arbeitsphysiologische Gespräche

zwischen Wissenschaft und Praxis

von

Professor Dr. med. Erich A. Müller

und Dipl.-Ing. Helmut Spitzer

VERLAG VON R. OLDENBOURG MÜNCHEN

GELEITWORT

Ob es einen Konstrukteur gibt, der nicht weiß, um wieviel man einen Elektromotor — dauernd oder kurzfristig — überlasten darf? Ob es einen Betriebsingenieur gibt, der nicht weiß, wie hoch er seine Maschine beanspruchen kann? Ob es einen Werkmeister, einen Vorarbeiter, einen Werkzeugmacher, einen Facharbeiter gibt, die nicht wissen, wie das Schneidwerkzeug zweckmäßig gestaltet, wie es brauchbar erhalten, wie es richtig gehärtet, geschliffen und eingespannt wird? Gewiß nicht, das alles wissen sie, bestens sogar und mit allen Kniffen und Feinheiten!

Aber wie es mit der Belastbarkeit des Menschen, der zumutbaren Beanspruchung des Mannes, der Frau und des Jugendlichen steht, in welcher Weise und unter welchen Bedingungen die bestmögliche Leistung bei höchster Schonung der Kräfte vollbracht wird, das wissen sie nicht — oder doch sehr selten. Was zur Erhaltung der Leistungsfähigkeit des Menschen, zum Schutz seiner Gesundheit und seines rationellsten (d. h. v e r n ü n f t i g s t e n) Einsatzes getan werden muß, darüber haben sie nichts gelernt.

Ein großes Besinnen geht in diesen Tagen durch alle Arbeitsbereiche, ein Besinnen auf den Menschen als den wertvollsten Träger aller Arbeit. Wir lernen erkennen, daß wir dem Menschen verpflichtet sind, mehr als der Maschine und dem Werkzeug.

Diese Schrift, verfaßt von besten Kennern ihres Faches, soll eine schon lange klaffende Lücke schließen.

Ihre leicht faßliche Darstellung wird auch dem die Lektüre leicht machen, dem nach des Tages Mühe und Hast, die Kraft zu schwererer Lektüre fehlt.

Wir wünschen diesem Büchlein im Interesse unserer Millionen schaffender Menschen eine weite Verbreitung und einen eifrigen Leserkreis.

Düsseldorf/Salzgitter, Januar 1952

Rationalisierungs-Kuratorium der Deutschen Wirtschaft
Arbeitsgemeinschaft Mensch und Arbeit

Direktor Dr.-Ing. e. h. Gustav Frenz
Arbeitsdirektor Adolf Jungbluth VDI

VORWORT

Die Unkenntnis vieler Techniker über den Funktionsmechanismus des menschlichen Körpers liegt wohl daran, daß uns der Zugang zu diesem merkwürdig verschlossen ist. Wie hinter einem undurchdringlichen Vorhang spielt sich das Leben hinter der begrenzenden Haut ab. Nur wenig dringt an die Oberfläche: Atembewegungen, Herz- und Pulsschläge, Erröten und Erblassen, Schweiß. Das ist wenig genug, wenn man bedenkt, daß der genaue Bau- und Betriebsplan eines Menschen, d. h. eine allumfassende Anatomie und Physiologie, mehr Papier bedecken würde als alles zusammengenommen, was bisher von der Technik zu Papier gebracht wurde. Anatomie und Physiologie sind freilich noch weit davon entfernt, allwissend zu sein. Sie beginnen gerade erst, tiefer in das Körpergeschehen einzudringen. Jedes tiefere Eindringen in den Lebensmechanismus kommt in erster Linie dem Verstehen von Störungen, von Krankheiten also, zugute. Der junge Arzt beginnt ja sein Studium damit, alles zu lernen, was über den Ablauf des Lebens im gesunden Menschen bekannt ist, um dem Kranken damit zu helfen. Mehr und mehr wird aber jeder neue Einblick in die Lebensvorgänge auch angewendet, um die Lebensbedingungen des Gesunden zu verbessern, ihn vor Krankheit zu schützen. Der Siegeszug der Hygiene ist bekannt.

Seit einem Menschenalter wird nun physiologisches Wissen in immer größerem Umfang für eine neue Aufgabengruppe eingesetzt: den Menschen im Beruf vor Schäden zu bewahren, ihm seine Arbeit zu erleichtern, ihn leistungsfähiger zu machen, Leistungsanforderungen und Leistungsfähigkeit aufeinander abzustimmen. Es ist die Arbeitsphysiologie, die diese Ziele auf ihre Fahne geschrieben hat. Heute ist es schon eine ganze Menge geworden, was die Arbeitsphysiologie dem Betrieb zu sagen hat. Die Zahl derer, die über ihre eigene Arbeit und die Arbeit anderer sich Gedanken machen, ist erfreulicherweise rasch im Wachsen. Es gibt tatsächlich bereits eine große Zahl von Betrieben, die mit den arbeitsphysiologischen Instituten in ständigem, fruchtbarem Gedankenaustausch stehen. In Form von Zwiegesprächen zwischen Wissenschaftler und Praktikern wird hier versucht, eine allgemeinverständliche Einführung zu dem, was der arbeitende Mensch selbst und der Betriebsmann über die Voraussetzungen körperlicher Arbeitsleistung und der Arbeitsbereitschaft wissen sollten, zu geben. Die Form von Frage und Antwort ist mit Absicht gewählt, um die vielen, die es sich abgewöhnt haben zu fragen, wieder dazu anzuregen.

Dortmund, Januar 1952 — E. A. Müller

Max-Planck-Institut für Arbeitsphysiologie — H. Spitzer

INHALT

VERZEICHNIS DER MERKTAFELN

Die Zeichnungen wurden von Ilse Rummel, Düsseldorf, entworfen.
Den Umschlag zeichnete Ernst Igl, München.

DIE VORAUSSETZUNGEN KÖRPERLICHER ARBEITSLEISTUNGEN

Wer sich noch nicht eingehender mit der Arbeitsphysiologie beschäftigt hat, macht sich keine Vorstellung von dem großen Umfang der Forschungsergebnisse, die hier bereits erarbeitet worden sind und der Fülle von Literatur, die hier dem ernstlich Suchenden zur Verfügung steht. Allerdings ist es nicht jedermanns Sache, aus Büchern zu lernen. Das nachfolgende Gespräch, das natürlich wie die folgenden auch, von allem Beiwerk der Begrüßung, Verabschiedung usw. befreit ist und sich nur auf die Sache selbst beschränkt, wird von Dr. Wissmann, einem der Mitarbeiter des Instituts und dem Betriebsingenieur eines größeren Werkes, Büttner, geführt. Das Gespräch vermag das gestellte Thema keineswegs zu erschöpfen. Es endet daher bezeichnenderweise in der Bibliothek des arbeitsphysiologischen Institutes.

*

Büttner: Als alter Betriebsmann wollte ich Sie schon lange in Ihrem Institut aufsuchen, um mir etwas über Ihre arbeitsphysiologischen Arbeiten erzählen zu lassen, von denen ich nur recht unvollständige Vorstellungen habe.

Wissmann: Dieser Wunsch ist leicht zu erfüllen. Ich würde selbst gerne mit Ihnen über verschiedene Fragen reden, die die praktische Anwendung unserer Forschung betreffen.

Büttner: Um so besser. Mehr denn je halte ich es für notwendig, daß die Wissenschaft Verbindung mit der Praxis unterhält.

Wissmann: Sollte nicht auch umgekehrt die Praxis engere Berührung mit der Wissenschaft suchen?

Büttner: Ohne Frage werden wissenschaftliche Erkenntnisse in der Praxis dankbar aufgenommen. Der Grad der Aufnahmefreudigkeit ist aber doch recht verschieden. Je älter eine Industrie, ein Wirtschaftszweig ist, um so schwerfälliger und zurückhaltender ist er. Die jüngsten Industrien scheinen für das Neue mehr aufgeschlossen zu sein.

Wissmann: Es ist eigentümlich, daß sich Erkenntnisse, die den Menschen betreffen, schwerer durchsetzen als technische Errungenschaften.

Büttner: Und ist nicht gerade die Fürsorge für den Menschen bei der Arbeit Ihr eigentliches Arbeitsgebiet?

Wissmann: Wenn wir es auch nicht Fürsorge nennen wollen, so ist doch das Studium des arbeitenden Menschen und der Frage, wie wir ihm die Arbeit erleichtern können, ein Hauptteil der Arbeitsphysiologie und damit unserer Aufgaben. Dazu ist nötig, die menschliche Leistungsfähigkeit nach allen Richtungen hin zu untersuchen.

Büttner: Darf ich gleich mit meinen Fragen loslegen? Sagen Sie, wie kommt eine körperliche Arbeitsleistung überhaupt zustande?

Wissmann: Jede körperliche Arbeitsleistung beruht letzten Endes auf der Versorgung des Körpers mit Nahrung. Es ist jedoch nicht so, daß die aufgenommene Nahrung unmittelbar vom Muskel verwertet wird. Die Nahrung erfährt vielmehr nach ihrer Zerlegung und Verarbeitung im Magen und Darm und nach ihrer Aufnahme in die Blutbahn eine Speicherung an verschiedenen Körperstellen, so in der Leber, in den Fettpolstern und im Muskel selbst. Dort warten die aus der Nahrung freigesetzten Nährstoffe gewissermaßen auf Abruf.

Arbeitsleistung, Stoffwechsel und Energieumsatz

Büttner: Was löst diesen Abruf aus?

Wissmann: Jede Muskelkontraktion löst ihn aus, sei sie unfreiwillig wie unsere Herz- und Atembewegungen, die nie zum Stillstand kommen, sei sie gewollt wie beim Gehen, Steigen, Greifen und bei den mehr oder weniger schwierigen Hantierungen in den verschiedenen Berufen.

Büttner: Und was geschieht bei der Muskelkontraktion mit den Nährstoffen?

Wissmann: Die Nährstoffe setzen sich unter Sauerstoffaufnahme in Kohlensäure und Wasser um. Die unverbrannten Rückstände werden den Nieren zugeführt und ausgeschieden.

Büttner: Wie verhält es sich denn mit der Sauerstoffversorgung der Muskeln?

Wissmann: Der Sauerstoff wird mit der Außenluft in die Lungen eingeatmet, dort ins Blut aufgenommen, während umgekehrt Kohlensäure aus dem Blut in die Lungen gelangt und ausgeatmet wird. Mit dem Blut kreist der Sauerstoff, lose gekettet an den roten Blutfarbstoff, ständig durch alle Muskeln, um bei einer Muskeltätigkeit sofort zur Verfügung zu stehen. Im Gegensatz zu den Nährstoffen ist also an Sauerstoff ein größerer Vorrat nicht vorhanden. Daher müssen wir bei jeder Tätigkeit sofort auch tiefer atmen und geraten bei großer Anstrengung sehr schnell außer Atem, während die Befriedigung des durch die Arbeit erhöhten Hungers ebensogut Stunden später erfolgen kann. Das sehen Sie am besten an der Merktafel, die hinter Ihnen hängt: „Schema des Stoff- und Energiewechsels bei Muskelarbeit." (Taf. 1.)

Büttner: In der Sprache der Technik würde man einen Vorgang, bei dem Sauerstoff verbraucht wird und Kohlensäure entsteht, doch als Verbrennung bezeichnen.

Wissmann: Sicherlich gleicht der chemische Vorgang bei der Muskeltätigkeit einer Verbrennung. Es ist jedoch eine Verbrennung ohne Feuer, die bei Körpertemperatur erfolgt und erst durch besondere Stoffe, die sogenannten Fermente, ermöglicht wird.

Büttner: Entstehen dabei nicht wie beim Verbrennungsmotor zwangsläufig auch erhebliche Mengen an Wärme?

Wissmann: Ganz recht. Es ist ja eine allgemeine Erfahrung, daß Muskelarbeit warm macht. Und zwar werden meist mehr als 90% der täglichen Nahrung in Wärme umgewandelt, so daß nur ein relativ kleiner Teil für die Muskelarbeit abfällt. Diese Wärme muß nach außen abgegeben werden, damit die Körpertemperatur nicht über 37° steigt.

MERKTAFEL 1

Schema des Stoff- und Energiewechsels bei Muskelarbeit

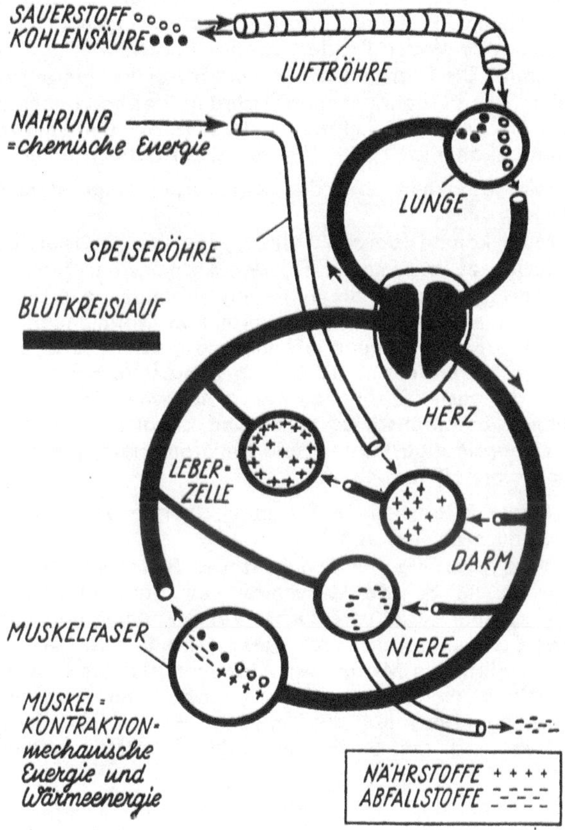

Die rechte Herzkammer pumpt das Blut im kleinen Kreislauf durch die Lungen in die linke Herzkammer, diese das Blut im großen Kreislauf durch die Muskeln und die übrigen Organe wieder in die rechte Kammer. Durch die Luftröhre gelangt bei der Atmung Sauerstoff (O) in die Lunge und geht dort ins Blut über. Kohlensäure (●) tritt aus dem Blut in die Lunge und wird durch die Luftröhre ausgeatmet. Nahrung gelangt durch die Speiseröhre in den Darm, wird dort in Nährstoffe (+) zerlegt, die dann ins Blut übergehen. In der Leber werden Nährstoffe gespeichert. An die Muskelfasern gibt das Blut Sauerstoff und Nährstoffe ab, die bei der Kontraktion in Kohlensäure (●) und Abfallstoffe (—) verwandelt werden, um dann wieder mit dem Blut abzufließen. Die Abfallstoffe verlassen in den Nieren das Blut und gelangen in den Harn.

Größe und Messung des Energiebedarfes

Büttner: Dann ist also der bekannte Satz, daß bei Energieumwandlungen keine Energie verloren geht oder neu entstehen kann, auch beim Menschen nachweisbar?

Wissmann: Ja. Es war das Verdienst Max Rubners, des Begründers der Arbeitsphysiologie, zu zeigen, daß das Gesetz von der Erhaltung der Energie auch für die Energieumwandlungen im Menschen gilt. Im Körper enstehen also nicht auf geheimnisvolle Weise Kräfte aus dem Nichts, wie man vor 100 Jahren noch vermuten konnte. Die Energien, die im Körper frei werden, entsprechen genau dem Energie-Inhalt der aufgenommenen Nahrung, den man nach der darin enthaltenen Wärme am besten in Kalorien ausdrückt. Mit der Wärmemenge einer Kalorie kann man bekanntlich 1 Liter Wasser einen Grad wärmer machen.

Büttner: Wie kann nun aber die vom Körper umgesetzte Energie überhaupt gemessen werden?

Wissmann: Man könnte daran denken, die vom Körper aufgenommene Nahrung in Kalorien zu bestimmen. Da der Körper aber Fett und Eiweiß ansetzen oder verlieren kann, ist die Nahrungsaufnahme nur bei Gleichbleiben des Körpergewichtes ein Maß für die verbrannten Stoffmengen. Will man die für eine bestimmte Arbeit aufgewendete Energie messen, so ist es richtiger, den Sauerstoffverbrauch zu ermitteln, da kein größerer Vorrat an Sauerstoff vorhanden ist. Die geringste Erhöhung des Kalorienverbrauchs alarmiert den Körper. Wir atmen automatisch schneller und bekommen so mehr Sauerstoff ins Blut. Diese zwangsläufige Regulierung funktioniert so genau, daß 1 Kalorie jeweils 0,2 Liter Sauerstoff herbeischafft.

Büttner: Und wie bestimmen Sie den Sauerstoffverbrauch während der Arbeit? Geht das auch im Betrieb?

Wissmann: Durch Messung der Differenz des Sauerstoffgehaltes in der Ein- und Ausatmungsluft. Im Betrieb verwenden wir dazu eine kleine, auf dem Rücken tragbare Gasuhr. Die untersuchte Person atmet durch ein Mundstück mit Ventilen und Faltenschlauch durch diese Gasuhr aus. Das Zifferblatt der Gasuhr zeigt unmittelbar die Menge der Ausatmungsluft an. Die Gasuhr besitzt eine Zusatzeinrichtung, die etwa ein halbes Prozent der Ausatmungsluft in ein Gummisäckchen pumpt. Der Inhalt des Säckchens wird in Glasröhren übertragen, die zugeschmolzen und zur Bestimmung des Sauerstoffgehaltes ins Institut geschafft werden.

Büttner: Es ist aber doch lästig, während der Arbeit einen solchen Atmungsapparat zu tragen.

Wissmann: Das ist nicht so schlimm. Man kann ohne weiteres Versuche von 10 bis 15 Minuten Dauer machen. Damit war es möglich, in größeren Versuchsreihen ein zuverlässiges Bild des Energieaufwandes für zahlreiche Berufe zu erhalten. Wir sind aber bemüht, neue Methoden zu entwickeln, die den Energieaufwand ohne jede Belästigung ununterbrochen messen. Praktische Erfolge wurden bereits mit einem auf dem Rücken tragbaren Pulszähler erzielt, der von einer kleinen, am Ohrläppchen hängenden Klammer photoelektrisch die Pulse abnimmt, sie verstärkt und auf einem Zählwerk summiert. Unter bestimmten Bedingungen entspricht nämlich die Erhöhung der Pulszahl durch körperliche Arbeit der Größe des Energieverbrauchs.

MERKTAFEL 2a

Kalorienbedarf verschiedener Berufe

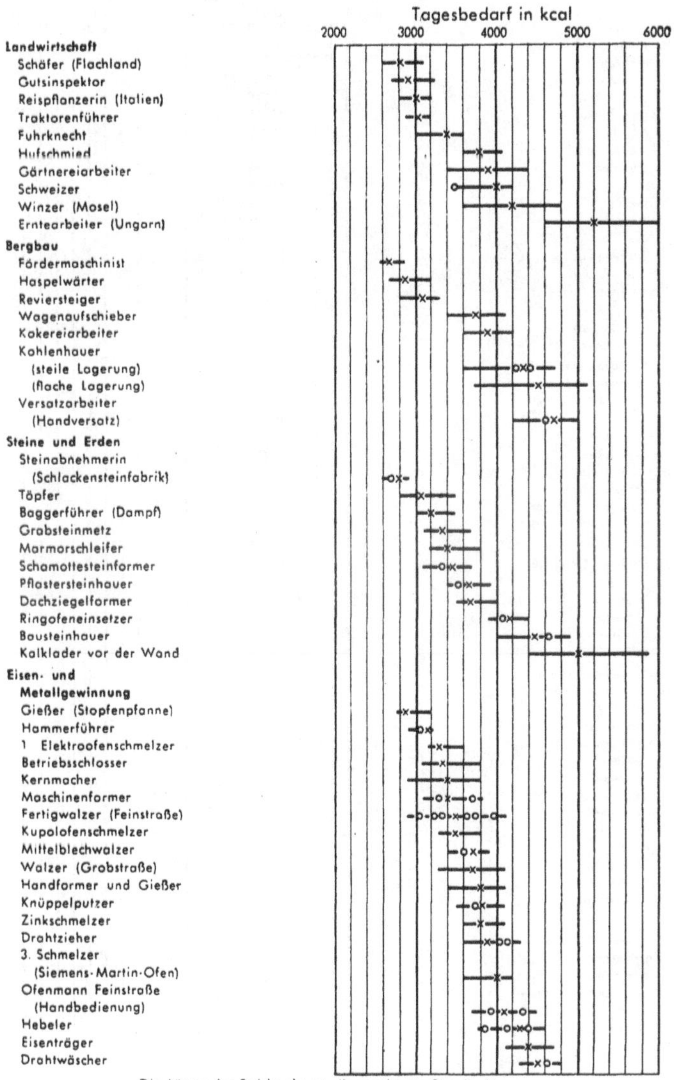

Die Länge der Striche deutet die geschätzte Streubreite an,
x = Schwerpunkt, o = experimentell gefundene Werte.

MERKTAFEL 2b

Kalorienbedarf verschiedener Berufe

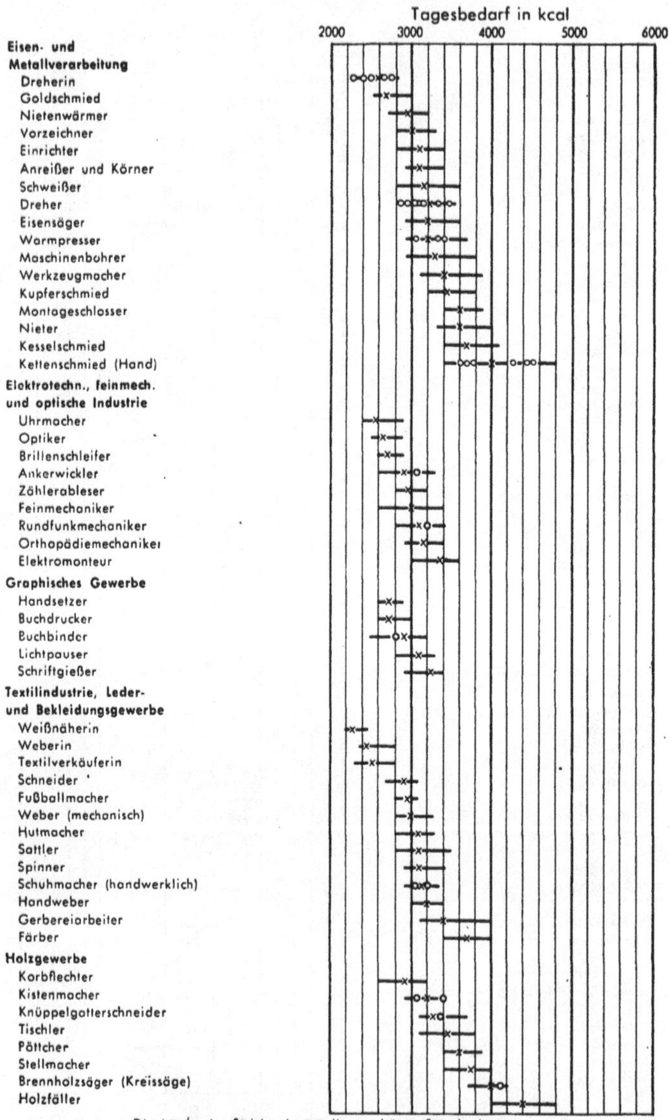

Die Länge der Striche deutet die geschätzte Streubreite an,
x = Schwerpunkt, o = experimentell gefundene Werte.

MERKTAFEL 2c

Kalorienbedarf verschiedener Berufe

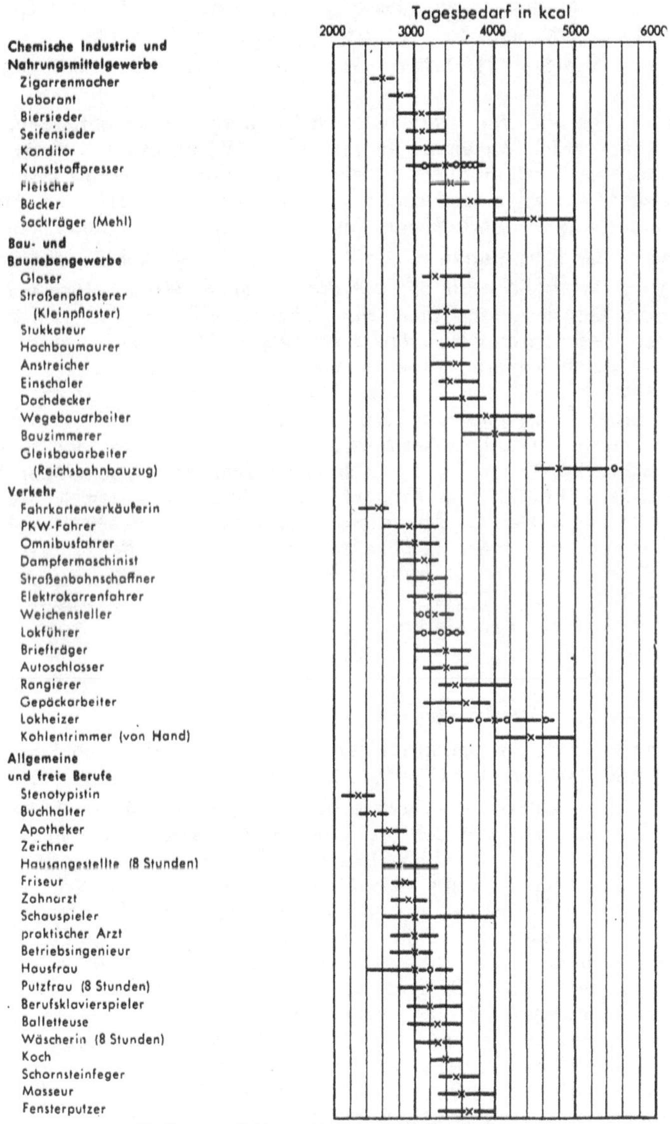

Die Länge der Striche deutet die geschätzte Streubreite an,
x = Schwerpunkt, o = experimentell gefundene Werte.

Büttner: In welcher Größenordnung liegt etwa der tägliche Energiebedarf des Menschen?

Wissmann: Der völlig ruhende Körper des Mannes braucht in 24 Stunden im Durchschnitt 1700 Kalorien (kcal), der der Frau 1400 Kalorien. Dieser sogenannte Grundumsatz hängt außer vom Geschlecht von Alter, Größe und Gewicht ab. Dazu kommt der Energiebedarf für die körperliche Betätigung.

Büttner: Welchen Höchstwert kann der tägliche Gesamt-Energiebedarf erreichen?

Wissmann: Die höchsten Werte wurden bei Bergsteigern gefunden, die u. U. 8—10 000 Kalorien je Tag umsetzen können. Natürlich sind so hohe Umsatzwerte nur wenige Tage möglich, da ein Mensch kaum mehr als 6000 Kalorien an Nahrungsmitteln an einem Tag zu sich nehmen und verdauen kann; der darüber hinausgehende Bedarf muß also dem Körperfett entnommen werden.

Büttner: Und wo liegen nun die Werte bei täglicher Berufsarbeit?

Wissmann: Das ist je nach der Art der Arbeit außerordentlich verschieden. Zwischen dem Kalorienbedarf eines ruhig sitzenden Buchhalters von 2400 Kalorien und dem Bedarf eines Holzfällers von etwa 5000 Kalorien sind alle möglichen Werte durch irgendeinen Beruf vertreten. So finden wir z. B. zwischen 2400 und 3000 Kalorien den Zeichner, Uhrmacher, Buchdrucker, Fördermaschinisten, die Verkäuferin; zwischen 3000 und 3600 den Schweißer, Dreher, Mechaniker, Schuhmacher, Tischler, Anstreicher und die Mehrzahl der Hausfrauen; zwischen 3600 und 4200 den Gärtner, Schmied, Zimmermann, Lokheizer; zwischen 4200 und 5000 schließlich den Kohlenhauer, Gleisbauarbeiter, Kohlentrimmer, Sackträger. In der letzten Gruppe, die die eigentlichen Schwerstarbeiter umfaßt, sind allerdings nur noch etwa 5 % aller Industriearbeiter. In der landwirtschaftlich tätigen Bevölkerung dürfte ein höherer Prozentsatz — wenigstens während der Saison — Schwerstarbeit leisten. Sie finden das Ergebnis ausführlicher Untersuchungen darüber in der Merktafel „Kalorienbedarf verschiedener Berufe". (Taf. 2 s. S. 11—13.)

Übung steigert den Wirkungsgrad

Büttner: Als Betriebsmann interessiert mich besonders die Frage, wieviel von diesen Kalorien jeweils als nutzbare Arbeit erscheinen?

Wissmann: Eine Kalorie, wie sie in der Nahrung enthalten ist, müßte eigentlich 427 Meterkilogramm (mkg) Arbeit ergeben. Es müßte also möglich sein, 427 kg damit einen Meter hoch zu heben. Das gelingt aber nicht, weil, wie ich schon sagte, bei dieser Umwandlung stets eine erhebliche Menge Wärme entsteht. Daher benötigt der Körper für 427 mkg Arbeit mehr als 1 Kalorie an Nahrung. Bildet man wie bei einer Maschine aus dem Verhältnis der geleisteten Arbeit zur gleichzeitig umgesetzten Nahrungsenergie einen Wirkungsgrad, so ist festzustellen, daß dieser kaum 30 % erreicht, d. h., daß höchstens ein Drittel der umgesetzten Nahrungsenergie als Arbeit zurückgewonnen werden kann, zwei Drittel dagegen als Wärme anfallen. Die Höhe des Wirkungsgrades ist sehr verschieden, je nach der Arbeitsweise, der Art der Tätigkeit, der Form des Arbeitsgerätes. Die höchsten Werte findet man unter den günstigsten Bedingungen beim Radfahren und beim Schieben von Karren mit 25 bzw. 28 %, besonders niedrige beim Schaufeln mit rund 6%. (Taf. 3.) Die Feststellung des Wirkungs-

MERKTAFEL 3

Der bestmögliche Wirkungsgrad körperlicher Arbeit bei verschiedenen Tätigkeiten

Tätigkeit	Bestmöglicher Wirkungsgrad Mitbewegen des Körpergewichtes gerechnet als: Leerarbeit %	 Nutzarbeit %
Schaufeln in gebückter Haltung	3	—
Schaufeln in normaler Haltung	6	—
Gewichtheben	9	—
Lastentragen (Rücken) über eine ansteigende Strecke einschließlich unbelastetem Abstieg	10	20
Leiterauf- und -abstieg (mit und ohne Last)	11	19
Handraddrehen	13	—
Hantieren schwerer Hämmer	15	—
Lastentragen auf ebener Strecke	17	—
Kurbeldrehen	21	—
Treppenauf- und -abstieg (unbelastet)	—	23
Wagenziehen	24	—
Radfahren	—	25
Wagenschieben	27	—
Gehen in der Ebene (unbelastet)	—	27
Bergaufgehen mit 5° Steigung (unbelastet)	—	30

grades eröffnet die Möglichkeit, die jeweils günstigsten Bedingungen zu ermitteln und einzuhalten und bildet einen wesentlichen Teil unserer Arbeit.

Büttner: Auffallend ist die Übereinstimmung des Höchstwertes am Menschen mit den besten Werten von Verbrennungskraftmaschinen. Diese Zusammenhänge würde ich gern an Hand der Literatur weiter studieren. Wie können nun die günstigsten Bedingungen praktisch herbeigeführt werden?

Wissmann: Zum Teil durch Übung, denn durch Übung verbessert sich das Zusammenspiel der einzelnen Bewegungen, so daß jede überflüssige Muskelanspannung unterbleibt. Die Geschicklichkeit nimmt zu. Denken Sie an die unbeholfenen Bewegungen des Kindes, das gehen lernt, oder des Lehrlings, der zum ersten Male eine Feile in der Hand hält. Durch Übung werden die Tätigkeiten soweit automatisiert, daß sie ohne große Beanspruchung unserer Aufmerksamkeit erfolgen. Sie gehen uns „in Fleisch und Blut" über, wir können sie „im Schlaf". Der Geübte arbeitet nicht nur schneller und mit einem besseren Wirkungsgrad und geringerer Beanspruchung seiner Aufmerksamkeit, er trainiert und kräftigt auch die täglich beanspruchten Muskeln und ermüdet dadurch weniger. Jede regelmäßig wiederholte Arbeit verbessert also durch Übung und Training bis zu einem gewissen Grad von selbst den Wirkungsgrad und setzt die Ermüdung herab.

Büttner: Unter den Lehrlingen befinden sich jedoch immer einige, die es — wie man sagt — nie lernen. Der Meister ist leicht geneigt, darin mangelnden guten Willen zu sehen. Ist nicht dieser Mangel in vielen Fällen rein körperlich bedingt?

Wissmann: Sicher haben manche Menschen eine geringe Übungsfähigheit, wie es auf der anderen Seite Wunder an Geschicklichkeit gibt. Wenn man also Enttäuschungen und Mißverständnisse beim Meister und beim Lehrling vermeiden will, dann muß man vor der Einstellung die Fähigkeiten mit geeigneten Methoden prüfen. Damit werden mit ziemlicher Sicherheit Fehleinsätze vermieden.

Büttner: Sind Übung und Training die einzigen Möglichkeiten, den Wirkungsgrad zu verbessern?

Wissmann: Übung und Training sind die einzigen automatischen, bei wiederholter Tätigkeit eintretenden Anpassungsvorgänge, die uns die Arbeit erleichtern und den Wirkungsgrad verbessern. Darüber hinaus kann aber durch systematische Erforschung der Arbeitsbedingungen jeweils die günstigste Arbeitsanordnung gefunden und damit die Voraussetzung für eine weitere Erleichterung der Arbeit geschaffen werden. Es gibt darüber wie über alle anderen Punkte, die wir berührten, eine Fülle von Literatur. Wenn Sie Einzelheiten darüber wissen wollen, gehen wir am besten einmal in unsere Bibliothek, so daß Sie sich über das Ausmaß der geleisteten Arbeiten einen Überblick verschaffen können[1]). Noch besser, wir setzen ein anderes Mal unser Gespräch fort.

[1]) s. auch Schrifttum Seite 83.

RATIONALISIERUNG VON ARBEITSGERÄT UND ARBEITSPLATZ

Wenn heute die Wissenschaft die Arbeitsbedingungen mit dem Rüstzeug der Meßtechnik aufzuklären bemüht ist, so hat der Arbeiter dabei häufig noch das Gefühl, daß man ihm nur nachrechnen wolle, ob er nicht bei einzelnen Handgriffen noch etwas sparen könne, um auf diese Weise schließlich das Äußerste aus ihm herauszuholen. Aber zur Arbeitsphysiologie gehört als eine der grundlegenden Erkenntnisse, daß man die Leistungsreserven ebensowenig auszuschöpfen versuchen darf, wie man etwa den Grundwasser-Vorrat ohne Schaden abzapfen kann. Hier wie dort ist nur das ohne bleibende Schädigung zu verwenden, was aus dem normalen Zufluß immer wieder ergänzt wird.

Wenn der Arbeiter der Wissenschaft einen Vorwurf machen darf, so ist es nicht der, daß diese sich um ihn kümmert, sondern eher der, daß sie sich salange nicht um ihn gekümmert hat. Diese Vernachlässigung hat wohl hauptsächlich daran gelegen, daß man weder die technischen Mittel noch das arbeitsphysiologische Wissen besaß, dem Arbeiter zu helfen. Zum Teil wurde auch die Schwere der Arbeit an vielen Arbeitsplätzen sowohl vom Unternehmer wie auch vom Arbeiter selber als „gottgegeben" angesehen und deswegen über die Möglichkeit einer Besserung überhaupt nicht nachgedacht. So wurde auch die Mitarbeit der Wissenschaft gar nicht gefordert. Es ist aber gerade die Eigenart der wissenschaftlichen Arbeit, gründlich darüber nachzudenken und zu untersuchen, ob diese „gottgegebenen" Arbeitsbedingungen nicht doch noch zu verbessern sind. Die Arbeitsphysiologie ist damit zu einem Verbündeten des Arbeiters und zu einem ehrlichen Makler zwischen Unternehmer und Arbeiterschaft geworden, der sich in immer weiteren Kreisen Vertrauen erworben hat.

Man betrachtet also die Arbeitsphysiologie in der Industrie nicht mehr als Theorie, sondern als einen praktischen Beitrag zur Lösung betrieblicher Probleme. Es ist deshalb keine Seltenheit mehr, daß mehrere Vertreter eines Betriebes gemeinsam zum Arbeitsphysiologen kommen, um sich bei ihm Rat und Aufklärung zu holen, bevor sie an eine Umgestaltung betrieblicher Vorgänge herangehen.

Aus einer solchen Unterhaltung einer Gruppe von 3 Betriebsleuten, Dr. Fröhlich, Werkmeister Fuchs und Facharbeiter Jung mit einem Wissenschaftler Dr. Wissmann in dessen Institut, wird hier ein Ausschnitt wiedergegeben, der das Thema weiterführt.

Fuchs: Können Sie mir vielleicht sagen, warum selbst einfache Arbeiten von verschiedenen Menschen so verschiedenartig ausgeführt werden und warum ein und dasselbe Arbeitsgerät oft so unterschiedlich gehandhabt wird? Liegt das in der menschlichen Natur, oder stellt sich der eine nur geschickter an als der andere?

Wissmann: Ein findiger Kopf wird immer die für ihn leichteste und bequemste Arbeitsform anstreben, während ein schwerfälliger Typ es immer so machen wird, wie er's gewohnt ist. Aber das muß nicht so sein. Durch Anleitung kann auch der scheinbar Ungeschickte dazu gebracht werden, seine Arbeit besser, d. h. rationeller zu verrichten. In vielen Fällen ist aber die Bestgestaltung der Arbeit mit dem gesunden Menschenverstand allein nicht zu erreichen. Hier muß mit wissenschaftlichen Methoden eingegriffen werden. Das haben wir bereits in großem Umfange getan. Für bestimmte, häufig wiederkehrende Tätigkeiten wurden die Bedingungen festgestellt, die den höchsten Wirkungsgrad ergaben. So kennen wir heute die Bestwerte für Kurbeln, Gewichtheben, Schaufeln, Tragen von Lasten, Schieben und Ziehen von Karren, Leitersteigen u. a. m.

Fröhlich: Das ist ja schon ein großer Teil der im Betrieb vorkommenden Schwerarbeiten. Sie werden verstehen, daß uns die Frage nach der praktischen Anwendung Ihrer Untersuchungsergebnisse besonders lebhaft interessiert. Außerdem weiß ich, daß vielerorts Interesse für diese Arbeiten besteht, da wir ja auf ein kräftesparendes und rationelles Arbeiten ganz besonders angewiesen sind. Vielen Betriebsleuten fehlt aber die Kenntnis solcher Untersuchungen. Daher bleibt mancher Rationalisierungsversuch schon in den Anfängen stecken. Am liebsten würde ich an Beispielen aus der Praxis die Anwendbarkeit Ihrer Vorschläge prüfen.

Wissmann: Es ist unser größter Wunsch, daß unsere Arbeit den arbeitenden Menschen in den Betrieben unmittelbar zugute kommt. Wir bemühen uns fortwährend, die Forschungsergebnisse in dieser Richtung auszuwerten. Ich glaube schon, daß ich Ihnen einige Anregungen geben kann.

Die richtige Treppe

Fangen wir gleich mit einem Problem an, dem Sie buchstäblich auf Schritt und Tritt begegnen. Sicher sind Sie schon über Treppen gegangen, über die Sie sich geärgert haben, weil sie zu flach oder zu steil angelegt waren.

Fuchs: Haben Sie sich denn mit der Frage befaßt, wie man eine Treppe möglichst bequem anlegt?

Wissmann: Ja, wir haben sehr genaue Normen für den Bau von Treppen ermittelt, die unter allen Bedingungen das günstigste Resultat ergeben. Der Energieverbrauch, den Sie beim Treppensteigen haben, hängt von der Neigung der Treppe und von der Stufenhöhe ab. Viele Treppen sind zu steil und haben zu hohe Stufen. Bei der günstigsten Form einer Treppe soll die Stufenhöhe 17 cm, der Auftritt 29 cm betragen, entsprechend einer Neigung von 30 Grad. Die Zahlen finden Sie auf einem Merkblatt, das ich Ihnen mitgeben kann. (Taf. 4.)

Fröhlich: Sind diese Maße schon zur Norm gemacht worden? Ich habe den Eindruck, daß das nicht der Fall ist.

Wissmann: Ein bekannter Architekt hat sehr übersichtliche Treppentabellen aus unseren Ergebnissen geschaffen, die jedoch noch nicht Allgemeingut sind.

MERKTAFEL 4

Bau von Treppen und Leitern

Treppen

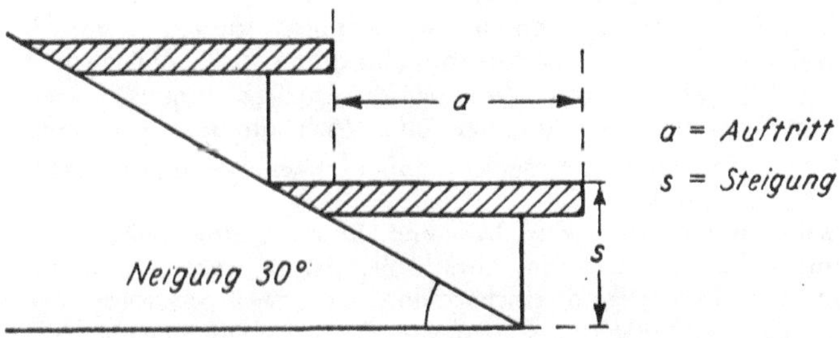

Optimum für bequemes Steigen: a = 29 cm, s = 17 cm (entsprechende Neigung 30°)

Wenn diese Maße nicht eingehalten werden können, dann sollte die Formel a — s = 12 cm erfüllt sein. Bisherige Treppenformel 2s + a = 63 cm nur noch anwenden, wenn Neigungswinkel gegeben ist und günstigste Stufe gesucht wird.

Leitern

a) Für unbelastete Aufstiege (Leitern für leichte Installationsarbeiten und Kranaufstiege, Leitern in Maschinenhäusern, Kesselhäusern und Schiffen, Anstreicherleitern, Gartenleitern u. a.)
günstigster Anlegewinkel 70°, günstigster Sprossenabstand 26 cm.

b) Zum Aufwärtstragen von Lasten (Baugewerbe, Landwirtschaft u. a.)
günstigster Anlegewinkel 70°, günstigster Sprossenabstand 17 cm.

Anmerkung: Regelmäßige Aufwärtstransporte über Treppen und Leitern möglichst vermeiden, da ausgesprochene Schwerstarbeit infolge des mitzutragenden Körpergewichtes. Energieaufwand z. B. beim Hochziehen der Last mit der Handkurbel nur halb so groß wie beim Aufwärtstragen.

Hier sind uns die Amerikaner weit voraus, die schon längst Stockwerkhöhe, Fenster- und Türgröße, Installation und anderes genormt haben und diese Normen auch wirklich anwenden. Immerhin ist in den letzten Jahren auch bei uns die Zahl der Architekten gewachsen, die sich bemühen, die genormten Bauelemente zu verwenden.

Fröhlich: Was geschieht überhaupt, um die arbeitsphysiologischen Ergebnisse der Praxis näher zu bringen?

Wissmann: Wir veröffentlichen unsere Ergebnisse laufend in unserer Zeitschrift „Arbeitsphysiologie" oder in den einschlägigen medizinischen, technischen, chemischen und psychologischen Zeitschriften. Darüber hinaus machen wir durch Ausstellungen, volkstümliche Aufsätze und Vorträge unsere Arbeiten bekannt.

Fröhlich: Trotzdem glaube ich, daß erst wenige Betriebsleute den Kern Ihrer Arbeit erfaßt haben.

Wissmann: Ich bin auch Ihrer Meinung. Beide Seiten müssen sich bemühen, die Zusammenarbeit zu vertiefen. Unerläßlich ist es, schon die Studierenden der Fachschulen und Technischen Hochschulen zu arbeitsphysiologischem Denken zu erziehen. Das setzt allerdings voraus, daß die Arbeitsphysiologie im Lehrplan dieser Schulen eingeführt wird.

Fröhlich: Genau so wie dies für andere Zweige der Arbeits- und der Sozialwissenschaft notwendig ist, deren Bedeutung vielfach noch unterschätzt wird. Natürlich kann man viele Betriebsaufgaben nach der bekannten Rechnung „π mal Schnauze" lösen. Aber auf die Dauer ist das weder befriedigend noch wirtschaftlich.

Gutes und schlechtes Schaufeln

Fuchs: Wie beurteilen Sie eines unserer gebräuchlichsten Arbeitsgeräte, die Schaufel? Bei diesem uralten Werkzeug des Menschen haben sich doch sicher im Laufe der Zeit die besten Formen gewissermaßen von selbst entwickelt?

Wissmann: Das ist ein weitverbreiteter Irrtum. Gerade bei der Schaufel finden Sie zahlreiche Formen, die nur in bestimmten Gegenden gebräuchlich sind, und die sich durch Generationen erhalten haben. Um bessere Formen zu entwickeln, hätte ein Mann verschiedene Schaufelformen sammeln und sie nebeneinander ausprobieren müssen, nachdem er sich auf jede erst einmal richtig eingearbeitet hatte; dann hätte er rein gefühlsmäßig feststellen müssen, welche Schaufelform ihn am wenigsten anstrengt, da ihm ja physiologische Meßmethoden nicht zur Verfügung standen. Sie sehen daraus schon, wie unwahrscheinlich es ist, daß irgend ein Mensch das jemals unternommen hat, zumal es in Deutschland über tausend verschiedene Schaufelformen gibt. Und die Unternehmer haben bis in unsere Zeit hinein die Frage der Schaufelformen für zu unbedeutend gehalten, um ernsthaft darüber nachzudenken. Nur da, wo ein ausgesprochener sportlicher Wettbewerb bestand, gab es ein Interesse und einen Maßstab für Höchstleistungen. Ich denke an das Fahrrad, das tatsächlich auf dem Wege über die Radrennen eine Bestform bekommen hat, die auch dem Berufsfahrer oder dem „Fahrer zum Beruf" zugute kommt.

Jung: Da wäre man beinahe versucht, vorzuschlagen, daß demnächst Rennen mit beladenen Schubkarren eingeführt werden, damit dieses vielgebrauchte Gerät endlich in Ordnung kommt. Um auf das Schaufeln zurückzukommen, welche Schaufellast und Schaufelart halten Sie denn für richtig?

MERKTAFEL 5

Schaufeln und Spaten

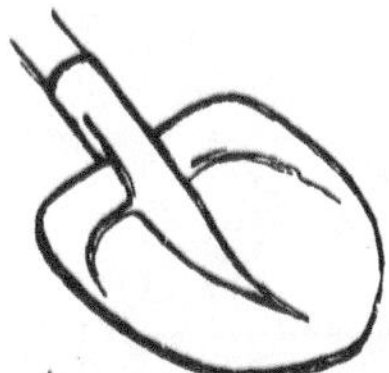

Schaufeln

Für feinkörniges Schaufelgut (Sand, Lehm, Getreide, Chemikalien u. a.): Einstechkante spitzbogig, Schaufelblatt leicht gewölbt, Aufbüge hinten und an den Seiten, nach vorn auslaufend.

Für grobstückiges, glattes Schaufelgut (Steine, Kohlen, Erze): Einstechkante gerade, Schaufelblatt eben, Aufbüge hinten und seitlich, nach vorn auslaufend. Für spezifisch sehr schwere Stoffe (z. B. Schwedenerz) ohne seitlichen Aufbug.

Für großstückiges, zackiges Schaufelgut (Koks):

Gabeln

Grundregeln:
Optimales Gewicht einer Schaufelladung 8 bis 10 kg, danach Schaufelgröße wählen!
Keine abgenutzten Schaufeln verwenden!
Schaufelschneide darf nicht verbogen sein!
Schaufelblatt vor Rost schützen!
Bei kurzem Stiel steigbügelförmiger Griff!
Stieldurchmesser nicht mehr als 4 cm!
Nicht über die Hand schaufeln!

Spaten

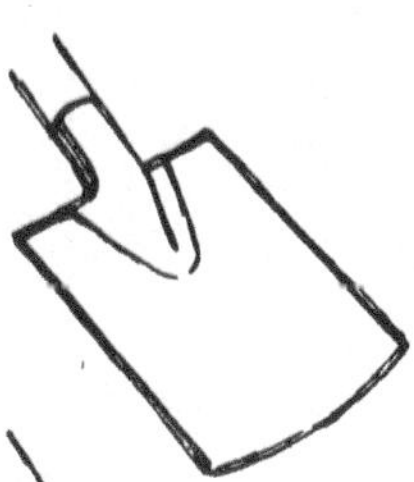

Für weiche, zusammenhängende Böden: Schneide flachbogig, schwache Wölbung des Blattes, Blatt unten etwas breiter als oben (z. B. Gärtnerspaten).

Für harte Böden: Schneide spitz oder spitzbogig, Blatt eben, unten breiter als oben (z. B. Oldenburger Spaten).

Für haftende Lehmböden: Gärtnerspaten mit keilförmig verdickter Schneide zur Verringerung der Blattreibung, sogenannter „Freischneidender Spaten".

MERKTAFEL 6

Schaufelarbeit

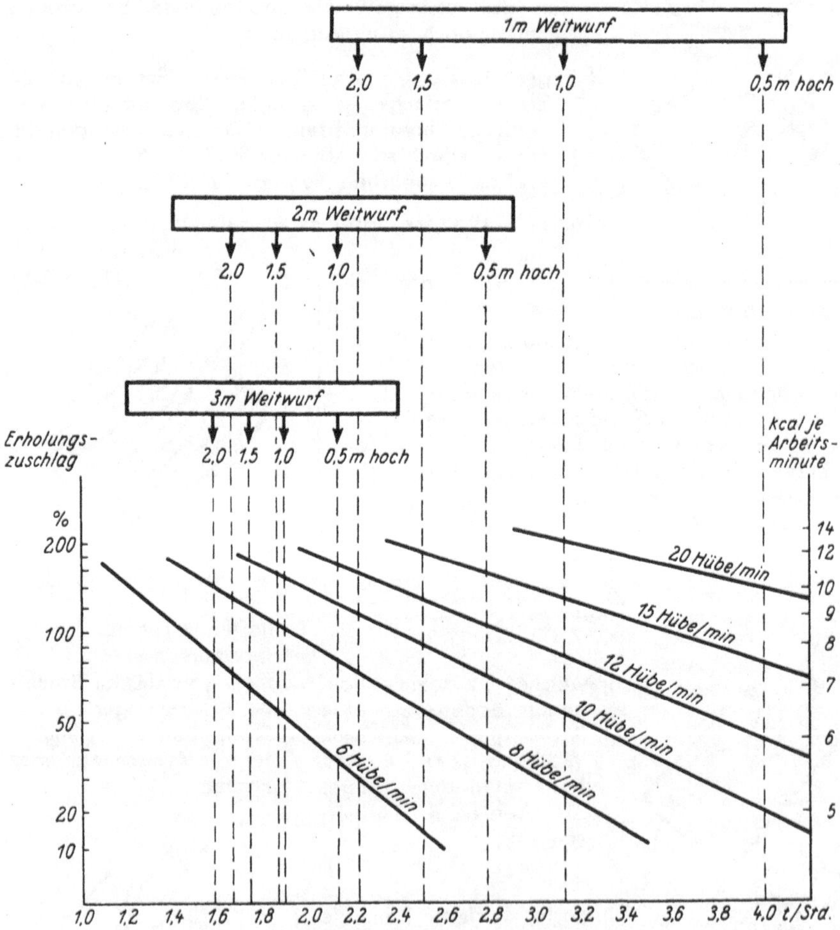

Schaufelleistung und Erholungszuschlag bei 8 kg Schaufellast und 250 Arbeitskalorien je Stunde in Abhängigkeit von Hubzahl, Wurfweite und Wurfhöhe. (Stückiges Schaufelgut)

W i s s m a n n : Für ein lehmiges und feinstückiges Schaufelgut ist eine Schaufel von spitzbogiger Einstechkante vorzuziehen, die durch Wölbung und aufgebogene Ränder das Schaufelgut muldenartig hält. Die Größe soll so gewählt sein, daß 8 bis 10 kg auf die Schaufel gehen. Keinesfalls soll man abgenutzte Schaufeln gebrauchen, die weniger fassen. Bei 1 m Wurfhöhe soll bei Wurfbeginn die Haltehand 48 cm, bei 2 m Wurfhöhe 64 cm von der Tülle anfassen. Weitere Einzelheiten haben wir auf einem Merkblatt zusammengestellt. (Taf. 5.)

F u c h s : Man kann natürlich dem Arbeiter nicht zumuten, solche Maße zu studieren und festzuhalten. Aber wie leicht wäre es, diese Abstände schon bei der Herstellung auf dem Stiel zu markieren.

J u n g : Gelegentlich sieht man, daß Kipploren unmittelbar neben einen auszuhebenden Graben gestellt werden, und die Erde mit einem Wurf von der Grabensohle vielleicht 2 m hoch über den Rand der Lore geworfen werden muß? Wäre es nicht vernünftiger, zwei Arbeiter so anzusetzen, daß der eine die Erde aus dem Graben auf den gewachsenen Boden, der zweite von da in die Lore schaufelt?

W i s s m a n n : Nein, das wäre nicht richtig. Die Erde 2 m hoch zu werfen, strengt zwar sehr an. Aber bedenken Sie, daß dann die Arbeit des Einstechens der Schaufel in das Schaufelgut und die Arbeit des Ausholens, des Beschleunigens und des Zurückführens der Schaufel für die 2 m zweimal zu leisten wäre. Die Tagesleistung der beiden Männer wäre so um $\frac{1}{3}$ geringer als beim direkten Wurf von der Grabensohle in die Loren. (Taf. 6.)

F r ö h l i c h : Bei der allgemeinen Bedeutung der Schaufelarbeit, ich denke an die Bau- und Landwirtschaft, an die Trümmerbeseitigung usw., würde ich gern noch etwas über das Schaufeln hören.

W i s s m a n n : Die richtige Schaufelform und -größe haben wir schon besprochen. Bisweilen muß man sich überlegen, ob es günstiger ist, bei kurzen Entfernungen grobstückiges Gut zu schaufeln oder mit den Händen zu heben. Bei kurzen Entfernungen ist das Heben der bessere Weg, u. U. ist es vorteilhaft, sich mit dem Rücken nach dem Ziel aufzustellen und über die Schulter zu schaufeln.

F u c h s : Da bei jedem Einstechen der Schaufel durch Bücken das Gewicht des eigenen Oberkörpers, das im Durchschnitt 30 kg betragen mag, mitbewegt werden muß, geht doch ein sehr erheblicher Kraftanteil für die eigentliche Arbeitsleistung verloren. Liegt es nicht nahe, soweit die Örtlichkeit es zuläßt, aus einem vertieften Stand zu schaufeln?

W i s s m a n n : Sie haben gut beobachtet. Das Mitheben des Körpers beim Schaufeln oder beim Heben von Lasten vom Boden aus verschlechtert in der Tat den Wirkungsgrad erheblich und bedeutet eine nutzlose Anstrengung, die durch einen vertieften Stand erspart werden könnte. Bei schwerem oder zähem Schaufelgut erleichtert man sich übrigens das Anheben oder Loslösen vom Boden, indem man den Schaufelstiel über den Schenkel „hebelt".

Zusammenfassend möchte ich sagen, daß unsere Schaufeluntersuchungen zeigen sollen, wie man den Wirkungsgrad einer an sich höchst unwirtschaftlichen aber leider noch sehr verbreiteten Arbeit durch günstige Arbeitsbedingungen erheblich verbessern kann. Daß man das Arbeiten mit der Schaufel so weit wie möglich einschränken sollte, steht auf einem anderen Blatt.

Schieben und Ziehen von Karren

Fröhlich: Trotz weitgehender Mechanisierung findet sich in der Industrie noch eine Menge Handarbeit. So spielt das Schieben von Wagen und Schubkarren noch immer eine beträchtliche Rolle. Man benutzt die verschiedensten Formen von Karren. Sollte diese Vielzahl vom Standpunkt der Kraft- und Materialeinsparung wirklich notwendig sein?

Wissmann: Die Vielzahl würde ich weniger kritisieren als die oft unzweckmäßige Ausführung. Es gibt aber bereits einige arbeitsphysiologisch durchdachte Konstruktionen, die serienmäßig hergestellt werden könnten. Bei der zweckmäßigen Schubkarre liegt der Schwerpunkt des beladenen Karrens möglichst nahe an der Achse, damit nur wenig Tragarbeit zu leisten ist. Er muß außerdem so tief wie möglich liegen, damit das Balancieren erleichtert wird. (Taf. 7.) Der Rollwiderstand ist durch gute Lagerung verringert, die Entladung ist durch einfaches Kippen ermöglicht. Wichtig ist natürlich, daß auch die Rollbahn gut geebnet oder mit Bohlen belegt ist. Bei unebenem Boden ist Gummibereifung das Richtige.

Fröhlich: Zu welchem Ergebnis haben die Untersuchungen über das Ziehen und Schieben zwei- oder vierrädriger Karren geführt?

Wissmann: Schieben ist etwa 15% günstiger als Ziehen.

Fuchs: Ich könnte mir denken, daß auch die Höhe und Form des Handgriffes bei allen von Hand zu verschiebenden Wagen nicht gleichgültig ist.

Wissmann: Durchaus. Ungefähr 1 m ist die beste Höhe. Tiefere und höhere Handgriffe erschweren die Arbeit ungemein. Der Handgriffdurchmesser soll etwa 4 cm betragen.

Jung: Wenn diese Maße allgemeingültig sind, versteht man nicht, warum nicht alle Handgriffe an Fahrzeugen, Maschinen usw. diese Abmessungen bekommen.

Wissmann: Vermutlich deshalb, weil der Konstrukteur gar nicht an den Mann denkt, der sein Leben lang unzweckmäßige Handgriffe bedienen muß.

Fuchs: Ebensowenig sieht offenbar der Konstrukteur, mit welcher Kraftanstrengung oft schon leere Karren gezogen oder geschoben werden müssen. Sonst hätte wohl nicht der Siegeszug des Kugel- und Rollenlagers vielfach vor den Kleinfahrzeugen Halt gemacht.

Wissmann: Gewiß, der Energiehaushalt der Arbeiter springt eben in der Betriebsbilanz nicht so unmittelbar ins Auge wie der des Lastwagens.

Fröhlich: Ich habe von einem großen Werk gehört, in dem vor dem Kriege im Verlauf von 4 Jahren 20000 Gleitlager systematisch auf Wälzlager umgestellt worden sind. Die Umbaukosten der Anlagen haben sich durch Ersparnisse an Energie, Schmiermitteln, Unterhaltung usw. in 1½ bis 2 Jahren bezahlt gemacht. Angesichts so großer Projekte wird die Einsparung von menschlicher Arbeitskraft allzu leicht übersehen.

Wissmann: Dabei kann ein Werk, bei dem das Schieben und Ziehen von Karren noch weit verbreitet ist, unter Umständen mit sehr viel weniger Arbeitern auskommen, wenn die Schwere der Arbeit durch Modernisierung der Transportfahrzeuge wesentlich verringert wird, und dadurch entsprechende Einsparungen entstehen.

MERKTAFEL 7

Gute und schlechte Schubkarren

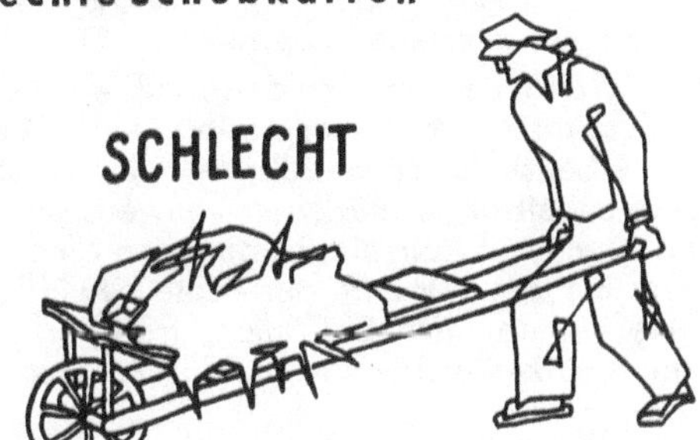

Schlecht: Lastschwerpunkt zu weit hinten und zu hoch, starker Zug in den Handgelenken und schwieriges Balancieren, daher geringere Belastungsmöglichkeit und größere Ermüdung.

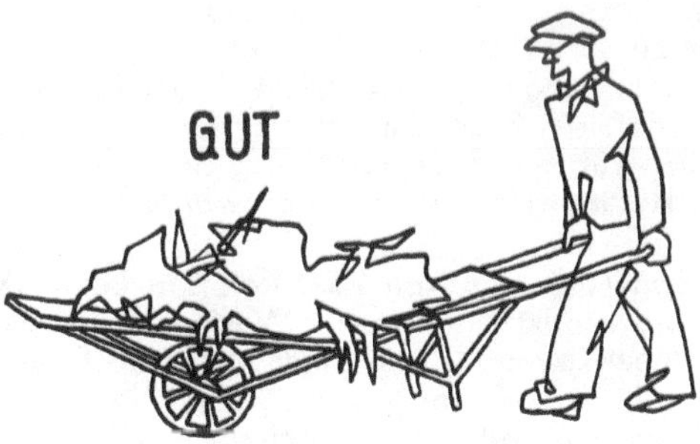

Gut: Schwerpunkt in der Nähe der Achse und möglichst tief, leichtere Tragearbeit und Balancierarbeit, daher größere Belastungsmöglichkeit und geringere Ermüdung.

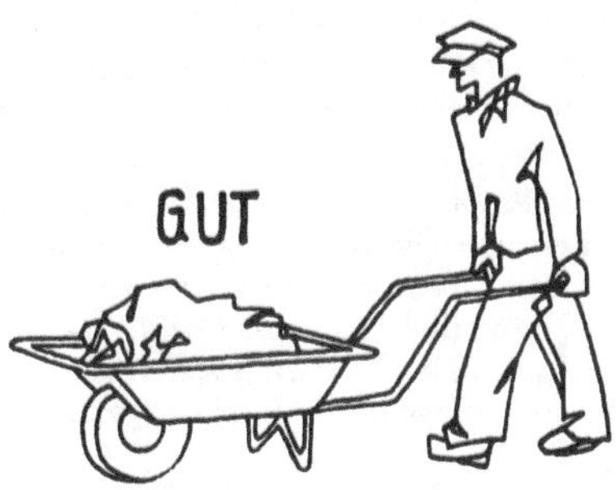

Wichtig ist ferner:
Karrengewicht so gering wie möglich,
bequeme Handgriffe,
geringe Lagerreibung (Wälzlager),
bei unebenem Boden Gummibereifung.

Rationalisierung der Transportarbeit

Fuchs: Wieviel Mann könnten beispielsweise bei der Umstellung von 100 vierrädrigen Handkarren von je 300 kg Leergewicht und 1 Tonne Belastung auf Rollenlager eingespart werden?

Wissmann: Entscheidend ist, mit welcher Verringerung des Rollwiderstandes man rechnen darf. Einer Halbierung? Dann könnte ein Arbeiter, der täglich 2000 Arbeitskalorien ausgibt, vor der Umstellung einen belasteten Hinweg und einen unbelasteten Rückweg von je 6 km in der Schicht zurücklegen, nach der Umstellung auf Rollenlager dagegen rund 9 km. Dieselbe Transportleistung kann daher mit zwei Dritteln der Leute bewältigt werden. Sie können also mit ihren 100 Arbeitern etwa 50% mehr transportieren oder rund 30 Leute an anderen Arbeitsplätzen verwenden, sich demnach die Umstellung schon etwas kosten lassen.

Fuchs: Das hätte ich nicht erwartet. Man sieht, wie notwendig es ist, solche Beispiele durchzurechnen und sich nicht auf Schätzungen zu verlassen. Es ist demnach richtig, wenn der Betrieb auch für Handfahrzeuge Wälzlager fordert.

Wissmann: Durchaus. Das gilt nicht nur für die Industrie; auch in Land- und Forstwirtschaft sind altmodische und kräftezehrende Karren und Schubkarren noch weit verbreitet.

Fröhlich: In diesem Zusammenhang scheint es mir lohnend, einmal dem Weg der Abfallstoffe etwas nachzugehen, wie sie in der Industrie, aber auch in den Städten als Schutt, Asche, Schlacke oder Müll anfallen. Da man diese Stoffe lange Zeit für wertlos hielt, glaubte man in eine rationalisierte Abfallbeseitigung kein Geld investieren zu dürfen und überließ sie der angeblich so billigen menschlichen Arbeitskraft. Deshalb sieht man heute noch umfangreiche Lade- und Transportkolonnen bei mühsamer und höchst unwirtschaftlicher Handarbeit. Dies scheint mir ein Musterbeispiel dafür zu sein, daß man die günstigsten Arbeitsbedingungen anstreben sollte, wenn man schon keine Möglichkeit der Mechanisierung hat. Ich könnte mir denken, daß ein besonders großer Gewinn in der Verringerung der Ladehöhe liegt. Das würde auf die Forderung nach Tiefladefahrzeugen hinauslaufen, von dem Herunterklappen der Bordwände an Lastwagen ganz abgesehen.

Wissmann: So ist es. Bei einem Tagesaufwand von 2000 Kalorien kann der Mann in einer Schicht bei der Ladehöhe von 50 cm und einer Wurfweite von 2 m mit der Schaufel rund 22 Tonnen, bei einer Ladehöhe von 2 m nur etwa 13 Tonnen aufladen. Am günstigsten ist es, wenn beim Auf- und Abladen gar kein Höhenunterschied zu überwinden ist. Auf jeden Fall soll er so gering wie möglich sein. Eventuell wird man den Wagen auf vertieftem Gleis einsetzen.

Fröhlich: Bei welcher täglichen Umschlagmenge an einer Arbeitsstelle mit z. B. 2 m Ladehöhe dürfte sich ein kurzes und leichtes, evtl. tragbares Transportband rentieren?

Wissmann: Gehen wir am besten von einem einfachen Beispiel aus: Täglich seien 40 t Schutt auf Kastenwagen zu verladen. Um diese Menge mit der Schaufel 2 m hoch zu werfen, werden drei Mann benötigt, während das Umschaufeln von 40 t auf ein unmittelbar am Schutthaufen beginnendes Transportband von einem Verladearbeiter bewältigt werden kann. Vom betrieblichen Gesichtspunkt aus gesehen, könnte demnach für die täglichen Betriebs- und Abnutzungskosten des

Bandes ein Betrag aufgewandt werden, der bis an die Gesamtlohnkosten für die zwei eingesparten Arbeiter — sagen wir 25 Mark — herangeht. Das ist schon eine ganze Menge. Die Unkosten des Bandes dürften aber weit weniger als diese 25 Mark ausmachen.

Fröhlich: Nach allem, was Sie uns über das Bewegen von Lasten durch den Menschen gesagt haben, muß ich zugeben, daß auf diesem ganzen Gebiet noch sehr viel zu holen ist, wenn man erkannt hat, welch' minimalen Wirkungsgrad jede Bückarbeit hat und wie unrationell der Mensch als Transportmittel arbeitet. Für manchen Betrieb würde es sich bestimmt lohnen, eine Zeitlang einen Mann nur auf das Studium der Transporte, ihrer Verbesserung und zugleich Verringerung anzusetzen. Es müßte interessant sein, festzustellen, welcher Anteil an den gesamten innerbetrieblichen Materialtransportkosten auf Handtransporte entfällt. Noch wertvoller wäre es, wenn man ohne große Versuche die Kosten je Einheit beförderten Materials gegenüberstellen könnte, die einmal bei Transport von Hand, das andere Mal bei Transport auf mechanischem Wege anfallen.

Wissmann: Das kann man ohne großen Aufwand. Wir haben auf Grund unserer Versuche einige Merktafeln aufgestellt, die ich Ihnen doch mal holen lassen will. (Taf. 8—14.) Darin sind einige Formeln für die menschliche Lastenbeförderung entwickelt, die gerade für solche Berechnungen bestimmt sind.

Die von Ihnen gegenüberzustellenden Kosten für den Transport von Hand berechnen sich bei einem willkürlich angenommenen Stundenlohn von 1,50 DM zu rund 3 Pfg. je Tonnenmeter, wenn man die relativ ungünstige Transportmethode verwendet, eine Last von 30 kg in den Händen zu tragen. Benutzt man dagegen eine leichtlaufende Schiebkarre, so kostet der Transport nur etwa 1 Pfg. je Tonnenmeter. Ein mechanischer Transport dagegen kostet noch nicht den zehnten Teil.

MERKTAFEL 8

Die richtige Hubarbeit

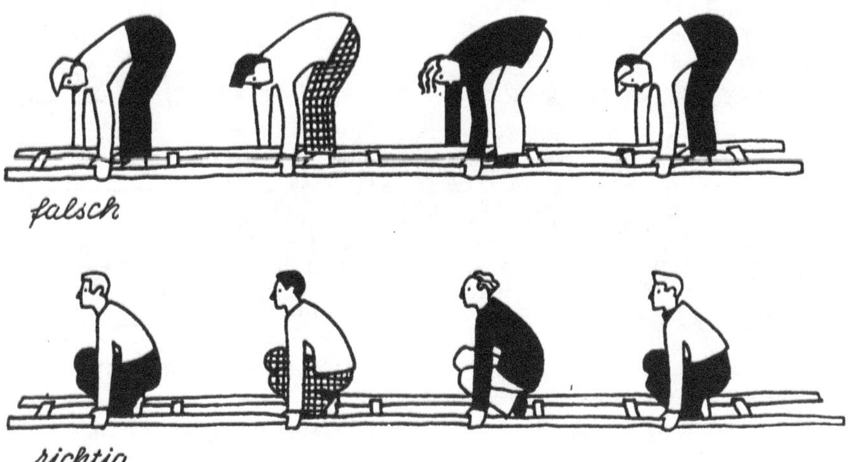

MERKTAFEL 9

Mitbewegen des Körpergewichtes

Wer eine Last trägt, denkt meist nur an diese Last, aber nicht an die Last des eigenen Körpers, die mitbewegt werden muß. Welche Transportarbeit das aber bedeutet, zeigt nachstehendes Beispiel:

Bei einem Körpergewicht von 70 kg soll ein Nutzlastgewicht von 50 kg über einen bestimmten Weg befördert werden. Die Gesamtlast beträgt dann (ohne Berechnung der Rückwege)

Bei einem Gang mit 50 kg .... 70 + 50 = 120 kg

Bei zwei Gängen mit je 25 kg .... 2 × (70 + 25) = 190 kg

Bei fünf Gängen mit je 10 kg .... 5 × (70 + 10) = 400 kg

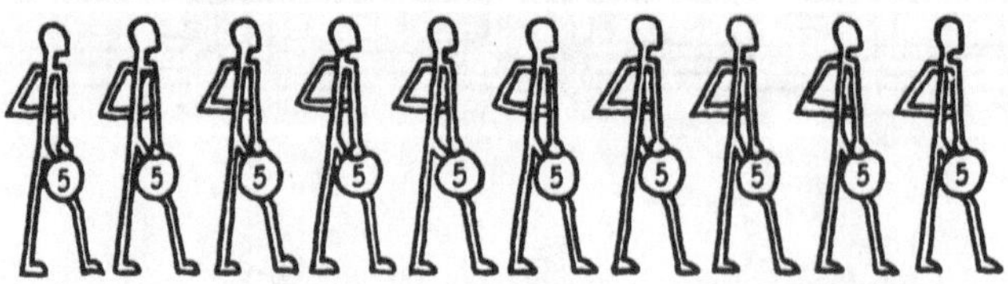

Bei zehn Gängen mit je 5 kg ..... 10 × (70 + 5) = 750 kg

Deshalb überlege vor jedem Gang zum Magazin, zum Keller, zur Stadt, was sich alles auf einmal wegbringen oder holen läßt.

Vermeide nach Möglichkeit Leerwege. Versuche Deine Lastwege abzukürzen.

MERKTAFEL 10

Lastentragen in der Ebene

Wie weit kann man mit 250 Kalorien bei normalem Tempo gehen?
(Körpergewicht 70 kg)

MERKTAFEL 11

Wieviel Kalorien kostet 1 km Gehen ohne Last bei verschiedener Bodenbeschaffenheit?

(berechnet für 70 kg Körpergewicht und 3—5 km Stundengeschwindigkeit)

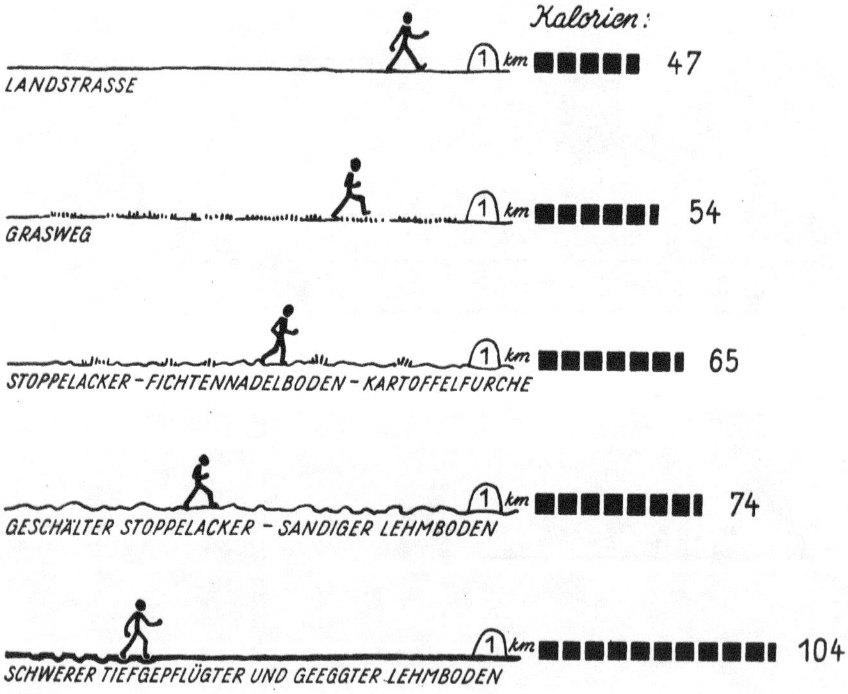

MERKTAFEL 12

Lastentragen bergauf

Wieviel m Höhe können mit verschiedenen Lasten bei Verbrauch von 10 Kalorien und jeweils optimaler Geschwindigkeit erstiegen werden (Körpergewicht 70 kg)?

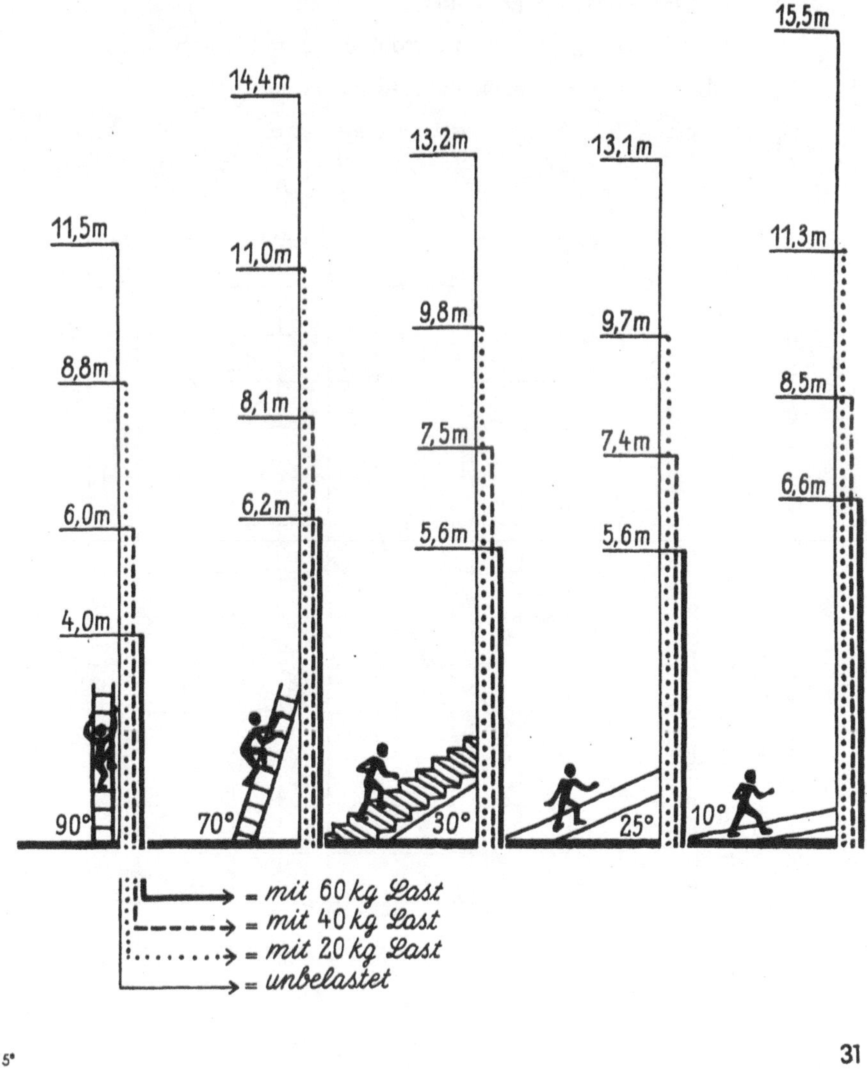

5*

MERKTAFEL 13

Vereinfachte Formel für den Energieverbrauch (E) beim Lastentragen

(Mitbewegtes Körpergewicht = 70 kg)

$$E = n\,(s \cdot K_{Trag} + H_1 \cdot K_{Hub} + H_2 \cdot K_{Steig})\ [\mathrm{kcal/h}]$$

n = Zahl der Lastgänge je Stunde

s = ebene Weglänge zwischen Lastaufnahme und Lastabgabe in m

H_1 = Hubhöhe beim Aufnehmen und Absetzen der Last in m

H_2 = senkrechte Steighöhe eines Lastganges in m

K_{Trag} = kcal je m ebenem Lastweg einschließlich Rückweg ohne Last

K_{Hub} = kcal je m Hubarbeit

K_{Steig} = kcal je m senkrechter Steighöhe einschließlich Abstieg ohne Last (gültig für 10°—70° Steigung)

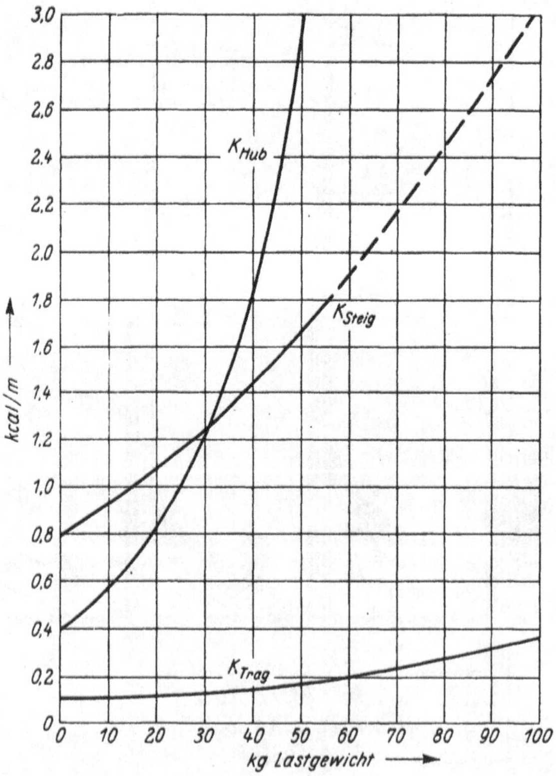

MERKTAFEL 14

Karrenschieben

Welche stündliche Transportleistung ist beim Schieben vierrädriger Karren möglich, die mit 0,1 bzw. 1 Tonne beladen sind (berechnet für 250 Kalorien Arbeitsverbrauch je Stunde und unbelastete Rückfahrt)?

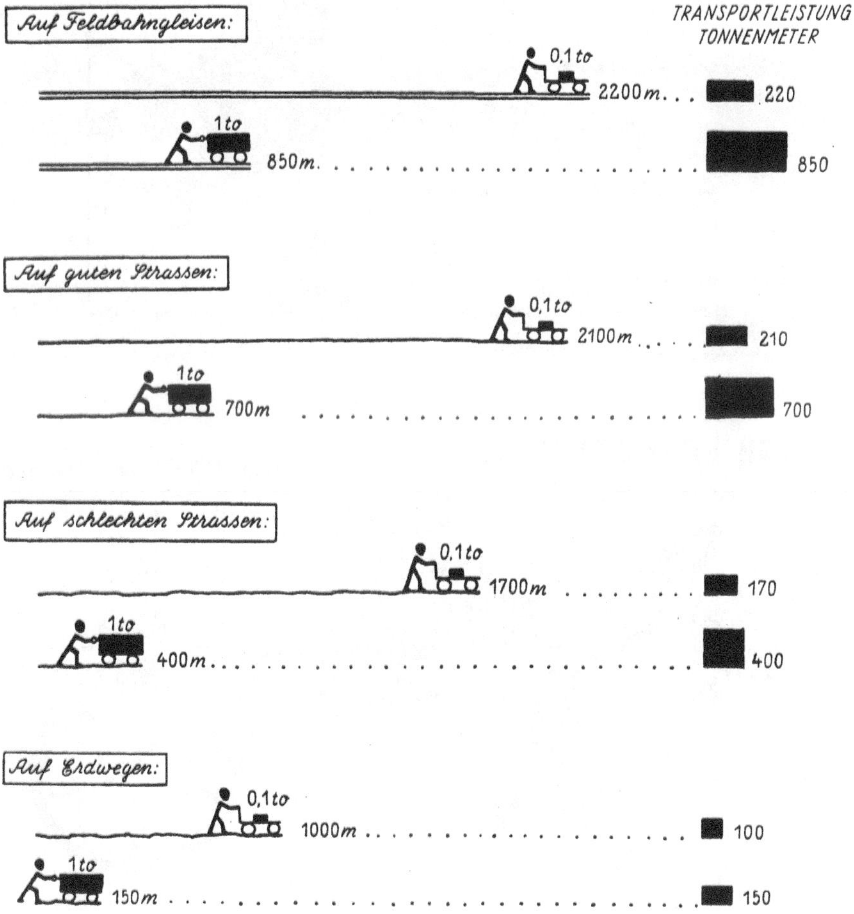

MERKTAFEL 15

Handräder

FÜR HOHE DREHZAHL

Handrad senkrecht

Handradmitte:
1,00 m bis 1,25 m über dem Boden

Handraddurchmesser:
für mittlere Arbeit 0,32 m bis 0,40 m
(2,2 m kg je Radumdrehung)

FÜR HOHE DREHKRAFT

Über 1,25 m schräges Rad

Beste Höhe 0,75 m bis 1,25 m

Unter 0,75 m senkrechtes Rad

Größe und Höhe von Handrädern

Fröhlich: Eine andere charakteristische Arbeit, die mitunter recht anstrengend ist, trifft man beim Bedienen von Handrädern, etwa als Steuerorgane bei Gas-, Wasser- und Dampfleitungen, als Handbremsen und Ruder, zum Einstellen von Walzen, Kippen von Schlackenkübeln usw. Gibt es auch hierfür zu bevorzugende Arbeitsanordnungen?

Wissmann: Ja. Bei den erwähnten Anwendungsbeispielen von Handrädern kommt es auf große Kraft, auf ein großes Drehmoment an, für das zweckmäßig ein möglichst großer Handraddurchmesser zu wählen ist, wenn es nicht richtiger ist, eine Übersetzung einzuschalten. Bei zweihändiger Bedienung muß das waagerecht liegende Rad 0,75—1,25 m über dem Boden, das senkrecht stehende mit dem Mittelpunkt 0,5—0,7 m hoch angebracht sein. Kommt es dagegen auf hohe Drehzahlen des Handrades an, so gelten ganz andere Bedingungen. Die höchsten Drehzahlen werden mit Handrädern von 32—40 cm Durchmesser erreicht, wenn die Handradachse bei senkrechter Radstellung 0,75—1,25 m Bodenabstand hat. Hier finden Sie die Ergebnisse unserer Untersuchungen über Handräder in einer vereinfachten Merktafel zusammengestellt. (Taf. 15.)

Wie findet man die günstigste Arbeitsform?

Fuchs: Sie haben schon mehrmals solche exakten Zahlenangaben gemacht, ohne daß ich Sie gefragt habe, wie Sie eigentlich zu diesen Werten gekommen sind.

Wissmann: Wir haben natürlich systematisch Versuche mit allen praktisch vorkommenden Größen und Anordnungen von Handrädern durchgeführt. Will man zwei verschieden große Handräder vergleichen, so kann man nicht einfach in eine Fabrik gehen und suchen, bis man die entsprechenden Größen findet, weil der Vergleich ja nur bei gleicher Drehkraft sinnvoll ist. Es wäre schon ein großer Zufall, wenn man an einer Stelle verschiedene Handräder fände, die sich gleich schwer drehen lassen. Man hilft sich so, daß man künstliche Belastungen schafft, die man bequem verändern und auf jeden Wert konstant halten kann. Solche Arbeits-Meß-Apparate (Ergometer) sind für die verschiedensten Bewegungen konstruiert worden, z. B. für das Radfahren, für das Kurbeln, für das Gehen und Steigen als Tretbahn, und eben auch für das Drehen von Handrädern.

Jung: Ich kann mir nicht recht vorstellen, wie solche Ergometer aussehen.

Wissmann: Ein Fahrrad-Ergometer z. B. ist gewissermaßen ein aufgebocktes Fahrrad, bei dem durch regulierbare Bremsung jede gewünschte Leistung eingestellt und konstant gehalten werden kann. Auch das Arbeitstempo wird durch einen Geschwindigkeitsmesser auf einem bestimmten Wert festgehalten. Man kann weiter die Übersetzung, die Sattelstellung, die Tretkurbellänge, die Trägheit der bewegten Teile verändern und untersuchen, wie sich dabei der Energieverbrauch, die Pulszahl und andere Reaktionen des Körpers verhalten. So kommt man zu exakten Zahlenangaben für die dem Menschen am besten angepaßten Werte. Es läßt sich auf diese Weise z. B. auch feststellen, wieviel größer die körperliche Beanspruchung beim Maschinennähen mit Fußbetrieb gegenüber dem Motorantrieb ist. (Taf. 16 s. S. 36.)

MERKTAFEL 16

Körperliche Belastung und Leistung beim Maschinennähen

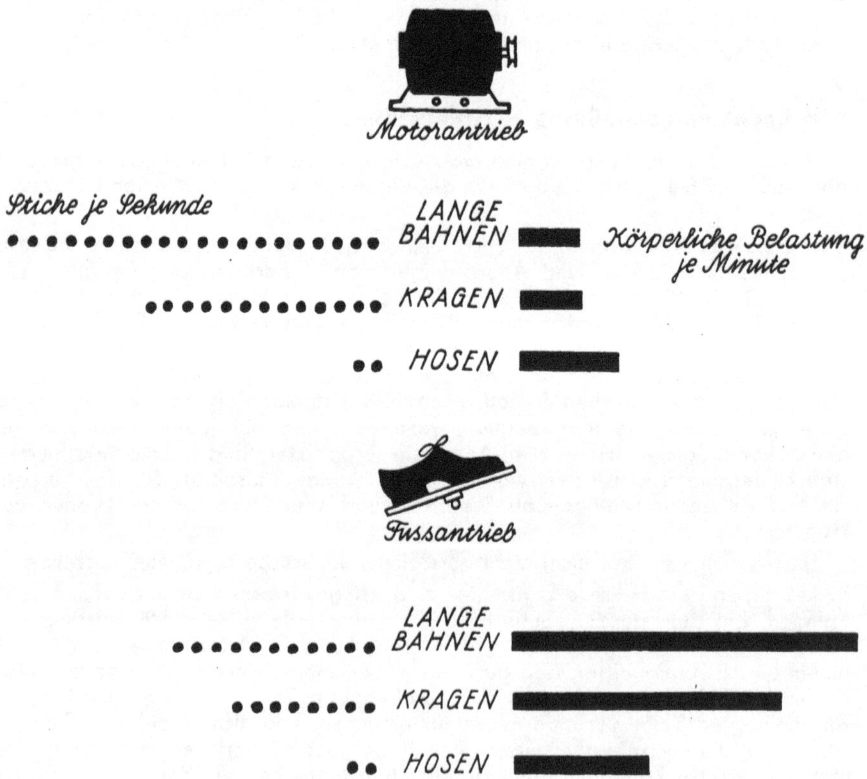

Jung: An welchen Personen werden solche Versuche gemacht?

Wissmann: Wenn irgend möglich, ziehen wir Arbeiter oder Arbeiterinnen zu den Versuchen heran, die mit der untersuchten Arbeit schon vertraut sind. Das ist wichtig, weil eine ungewohnte Arbeit zunächst einen relativ hohen Energieverbrauch fordert, der erst im Verlauf einer längeren Übung auf einen konstanten Endwert absinkt. Erst dieser ist für die praktische Beurteilung der Arbeitsweise eines eingearbeiteten Mannes maßgebend. Jede untersuchte Änderung der Arbeitsbedingungen muß daher vorher eingeübt werden. Um die an sich zwar nicht sehr großen Unterschiede von Mensch zu Mensch auszuschalten, ist es weiter zweckmäßig, alle zusammenhängenden Vergleiche einer Arbeit an ein und derselben Person aufzustellen. Ein großer Teil der Versuche wurde auch an unseren eigenen Mitarbeitern vorgenommen, die uns mit genügender Sicherheit für die notwendigen langen Zeiträume zur Verfügung stehen.

Fröhlich: Sie sprechen eben von Ihren Mitarbeitern. Wie setzt sich denn Ihr Mitarbeiterkreis zusammen? Sind bei Ihnen nur Mediziner tätig?

Wissmann: Die Arbeitsphysiologie ist an sich ein Teilgebiet der medizinischen Wissenschaft. Sie ist allerdings so stark auf physikalische, chemische und psychologische Kenntnisse und Methoden angewiesen, daß unser Institut eigene chemische und psychologische Abteilungen besitzt, in denen namhafte Chemiker und Psychologen arbeiten. Darüber hinaus verfügt das Institut zur Lösung praktischer Aufgaben über verschiedene Fachleute wie Ingenieure, Statistiker und auch Landwirte. Außerdem gibt es eine große Zahl technischer Hilfskräfte.

Fröhlich: Sie sind also gar nicht so betriebsfern wie ich glaubte, wenn Sie zu Ihren Arbeiten auch Männer der Praxis heranziehen.

Wissmann: Es ist sogar so, daß wir in immer wachsendem Maße von den Betrieben gerufen werden, um Untersuchungen am Arbeitsplatz selbst zu machen. Natürlich müssen zunächst die grundlegenden Erkenntnisse gewonnen und geeignete Methoden und Apparate entwickelt werden, bevor unter den schwierigen Verhältnissen eines Betriebes Untersuchungen beginnen können. Wir unterscheiden so Grundlagenforschung und angewandte Forschung. Während die angewandte Forschung stets ein bestimmtes praktisches Ziel im Auge hat, ist es die Eigenart der Grundlagenforschung, daß sie Fragen aus reiner Wißbegier stellt und zu beantworten sucht. Wenn diese Forschung zunächst auch nur das allgemeine Wissen vermehrt, so können doch eines Tages in oft unvorhergesehener Weise große praktische Fortschritte daraus entspringen.

Fröhlich: Daß die Grundlagenforschung nicht zu kurz kommen darf, ist selbstverständlich. Ich finde es aber sehr erfreulich, daß Sie die Arbeitsphysiologie nicht als Selbstzweck betreiben, nicht den Menschen nur im Laboratorium studieren, sondern ihn auch im rauhen Betrieb aufsuchen, um seine Arbeitsbedingungen aus eigener Anschauung kennenzulernen und zu verbessern.

Haltearbeit als Ermüdungsursache

Eine Arbeit, um die Sie sich einmal kümmern müßten, finden Sie gelegentlich noch im Hochofenwerk bei den „Eisenträgern". Diese Männer tragen vor dem Bauch täglich bis zu 30 t Eisenmassen in Stücken von 60—80 kg, unter Umständen 8 oder 10 m weit.

Wissmann: Das ist nicht nur eine sehr schwere Tragearbeit, sondern auch eine erhebliche Haltearbeit.

Jung: Was verstehen Sie unter Haltearbeit?

Wissmann: Haltearbeit ist eine länger andauernde Anspannung von Muskeln etwa zur Versteifung oder Balancierung von Körperstellungen, beim Festhalten einer Last oder beim Andrücken von Gegenständen. Bei Haltearbeit führt also die Anspannung der Muskeln nicht zu Körperbewegungen. Daher bezeichnet man die Haltearbeit auch als statische Arbeit. Der Muskel wird durch Haltearbeit in seiner Durchblutung behindert. Seine Vorratsstoffe erschöpfen sich, Stoffwechselschlacken häufen sich an und führen zu raschem Ermüden und Nachlassen der Kräfte.

Jung: Wie kann man denn das Tragen und Halten von Lasten erleichtern?

Wissmann: Für das Tragen sind drei Gesichtspunkte von Bedeutung. Man muß die Last so tragen, daß sie den Gang und die Atmung nicht behindert, und man muß sie so am Körper anbringen, daß der Körperschwerpunkt seine natürliche Lage behält. Das ist am besten beim Tragen am Joch, auf dem Kopf oder mit gleichmäßig auf beide Hände verteilter Last gesichert. Ein schwerer Koffer in einer Hand zieht den Schwerpunkt nach der Seite der Last und macht Haltearbeit der Muskeln der anderen Seite notwendig. Zugleich ist das Gehen behindert. Der Rucksack zieht nach rückwärts und erfordert Haltearbeit der Bauchmuskeln. Wesentlich ungünstigere Bilder finden sich beim Tragen auf einer Schulter, auf einer Hüfte oder — wie bei den Eisenträgern — beim Tragen vor dem Bauch mit beiden Händen. Längeres Tragen in den Händen führt außerdem zu schmerzhaften Empfindungen in den Gelenken und Muskeln.

Jung: Haltearbeit ist ja wohl bei einer ganzen Menge von Arbeiten zu finden. Was muß man tun, um sie zu vermeiden oder wenigstens leichter zu machen?

MERKTAFEL 17

Handgriffe und Stiele

A. Drehbare Griffe nur bei Handkurbeln anwenden (Haushaltmaschinen, Handmühlen, Handwinden, Handschneidemaschinen). Bester Griffdurchmesser etwa 20 mm. Oberflächenbeschaffenheit des Griffes ohne Einfluß.

B. Feste Griffe sollen eine möglichst rauhe Oberfläche haben. Griffdurchmesser zwischen 25 und 40 mm.

C. Stiele sollen rauh gehalten oder mit Gummi überzogen sein, mit Ausnahme des Abschnittes, an dem die Hand während des Arbeitsganges entlang gleitet. Stieldurchmesser mindestens 28 mm. Falls Stieldurchmesser dünner sein muß, Handgriff aufschieben oder Querholm anbringen.

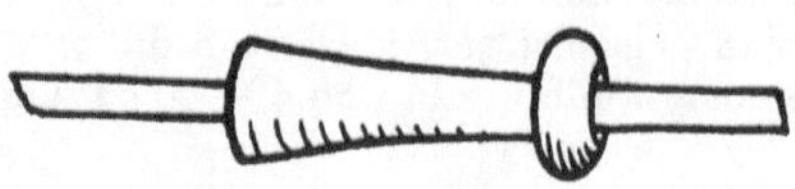

Wissmann: Man muß zunächst alle Werkzeuge und Geräte, alle Handgriffe und Stiele der Hand und ihrer Funktion gut anpassen. (Taf. 17.) Weiter ist daran zu denken, daß man Haltekräfte über Hebelarme verkleinern kann. Auch die Verwendung von Armstützen, von Einspann- und Aufhänge-Vorrichtungen, z. B. für die Bohrhämmer im Bergbau, für Niethämmer und Bohrmaschinen kann die Muskeln von Dauerbeanspruchung entlasten. All diese Mechanismen haben im übrigen den Vorzug, daß sie außer der Anschaffung keine laufenden Kosten verursachen.

Fuchs: Am Hochofen wäre also zu prüfen, ob man die Haltearbeit der Eisenträger, für die man wegen ihrer Schwere kaum Leute findet, nicht durch Hilfsvorrichtungen verringern kann. Ein gangbarer Weg könnte der sein, daß die Eisenmasseln mit langen Hebezangen gepackt werden, die in ihrem Schwerpunkt mittels Ketten an Schienenrollen aufgehängt sind. Die Schienen müßten natürlich hängend angebracht sein. In älteren Walzwerken sieht man noch bisweilen diese Art der Lastenbewegung. Dadurch wäre das Problem der Eisenträger mit einem Schlag gelöst.

Wissmann: Sicherlich gibt es noch manches Transportproblem, das sich mit Hebelzangen und Rollbahnen lösen läßt.

Stehen und Sitzen

Fröhlich: Sie haben recht. Viele Lösungen liegen gleichsam auf der Hand, wenn man nur erst die Betriebsblindheit überwunden hat und sich frei davon macht, daß eine altgewohnte Methode an sich schon ihres Alters wegen gut ist. Doch zurück zur Haltearbeit. Läßt die Ermüdung nach längerem Stehen nicht darauf schließen, daß auch das Stehen eine Art Haltearbeit ist?

Wissmann: Gewiß, die Ermüdung bei längerem Stehen hat aber noch eine andere Ursache. In der aufrechten Haltung sammelt sich zusätzlich bis zu einem Liter Blut in den Beinen an. Da der Körper insgesamt nur über rund fünf Liter Blut verfügt, entsteht dadurch in den anderen Körperteilen ein gewisser Blutmangel. Die Durchblutung unseres Gehirns und damit auch der Gehirnzentren, die für den unbewußten Ablauf vieler Funktionen verantwortlich sind, leidet. Daher rührt das Gefühl des „Zerschlagenseins" nach längerem Stehen. Auch die Muskeldurchblutung kommt bei Arbeit im Stehen zu kurz. Das Herz muß stärker arbeiten: die Pulszahl nimmt zu. Zudem dehnt die starke Ansammlung von Blut in den Beinen die Adern und führt dazu, daß sich im Laufe der Zeit typische Beinleiden wie Krampfadern, Beingeschwüre usw. einstellen können.

Jung: Man kann uns also nicht Bequemlichkeit vorwerfen, wenn wir uns bei der Arbeit setzen?

Wissmann: Für den Arbeitsphysiologen ist „Bequemlichkeit" kein abfälliges Wort. Wir wollen ja die Arbeit „bequem" machen, und das Sitzen ist ein Weg dazu. Daß man Unterricht im Stehen erteilt, ist wohl eine Erfindung des Kasernenhofes, dem wir vielleicht auch einen Teil der verbreiteten Mißachtung vor dem Sitzen verdanken. Warum mußten die Straßenbahnführer 50 Jahre lang stehen, während der Kutscher schon Jahrhunderte vorher saß und der Chauffeur von vornherein diese Erbschaft übernehmen durfte? Warum stand man zu Zeiten unserer Großväter in den Kanzleien und sitzt heute in den Büros? Warum sitzt die Hausfrau so wenig bei ihrer Arbeit? Ist es nicht — physiologisch gesehen —

MERKTAFEL 18

Stuhl und Tisch

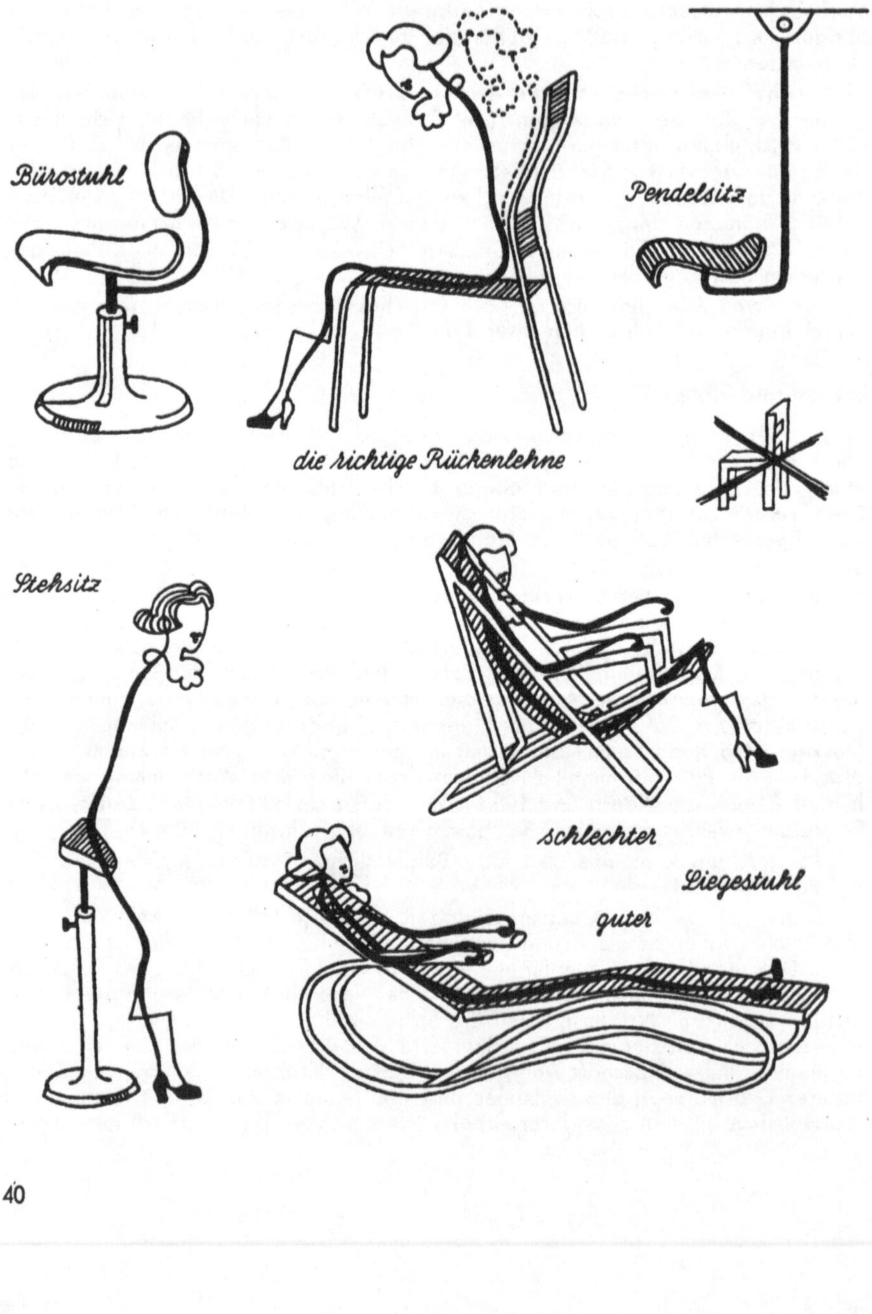

interessant, daß es zum guten Ton gehört, jeden Besucher möglichst rasch in sitzende Lage zu bringen?

Fuchs: So betrachtet erscheint freilich das Sitzen in ganz anderem Licht. Kann man durch Sitzen nicht auch eine Menge Kalorien einsparen?

Wissmann: Die Einsparung ist nicht so toll. Sie mag etwa 100 Kalorien in der Schicht betragen. Man kann aber nicht oft genug wiederholen, daß stundenlanges Stehen, auch wenn es nicht so viele Kalorien kostet, in jedem Fall eine unerfreuliche Belastung bedeutet. Wahrscheinlich könnte manches Industriewerk noch eine ganze Portion Stühle und Bänke verdauen, die es den Arbeitern bequemer machen.

Fröhlich: Viele Betriebe sind ja nun für die Einführung der sitzenden Arbeitsweise nicht gerade geeignet. Immerhin könnte man zahlreiche Steuerleute, Maschinisten und Wärter aller Art sitzend arbeiten lassen. Auch daß in Laboratorien stehend gearbeitet wird, gehört sicher mit zu den von Ihnen kritisierten Fällen, obwohl es auf dem ersten Blick schwierig scheint, eine Reihe nebeneinander aufgestellter Apparaturen von einem Sitz aus zu bedienen.

Wissmann: Durch Anbringung von Schwenk- oder Rollsitzen ist diese Aufgabe relativ einfach zu lösen, wenn die Zweckmäßigkeit nur eingesehen wird. Wenn jedoch keine Sitzmöglichkeit zu schaffen ist, dann ist gerade das Hin- und Herlaufen, wie es die Bedienung von Apparaten oder Maschinen verlangt, sehr viel besser als das Ruhig-Stehen an einem Fleck, weil beim Gehen das Muskelspiel der Beine eine ermüdende Blutansammlung verhindert.

Jung: Und was muß von einem guten Sitz verlangt werden?

Wissmann: Das „gute Sitzen" bedingt eine dem Körper angepaßte oder sich anpassende Sitzfläche, um den Druck auf möglichst große Flächen zu ver-

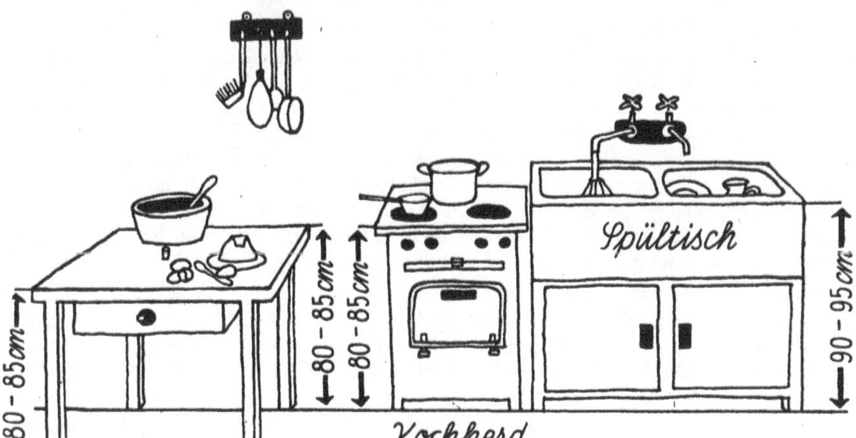

Arbeitstisch für Arbeit im Stehen

teilen, und eine gut ausgebildete Rückenlehne. Es gibt eine große Zahl von guten Sitzen, z. B. Schreibmaschinenstühle, Autobussitze, neuzeitliche Saalbestuhlungen und andere, die Ihnen sicherlich begegnet sind.

Fuchs: Die Sitzhöhe ist wohl weniger wichtig als die Ausbildung der Sitzfläche und der Rückenlehne?

Wissmann: Die Sitzhöhe muß beim Arbeitssitz dem Arbeitstisch, der zu bedienenden Maschine oder den zu betätigenden Schaltern oder Hebeln angepaßt sein, genauso wie bei der Arbeit im Stehen die Arbeitshöhe der Werkbank, des Schraubstockes, des Herdes oder der Waschwanne einer mittleren Körpergröße entsprechen muß. Einige Hinweise über Stuhl und Tisch haben wir in einer Merktafel (Taf. 18) zusammengestellt.

Kann man die Sitzhöhe verändern, so ist es zweckmäßig, sie möglichst niedrig zu wählen, um den Abfluß von Blut in die Beine zu vermeiden. Die Rückenlehne soll den Rumpf im Kreuz unterstützen, von da etwa um 30° nach rückwärts verschoben, eine zweite Lehne in Schulterhöhe besitzen. Dadurch ist ein erholsamer Wechsel zwischen zwei Sitzstellungen möglich, die beide bequem sind.

Fuchs: Ist das nicht auch durch Fußstützen zu erreichen?

Wissmann: Durch Hochstellung der Füße vermindern Fußstützen auch bei hohem Sitz den Abfluß von Blut in die Beine. Sie erleichtern zudem bei größeren Kraftleistungen im Sitzen (Taf. 19) eine Versteifung des Körpers und verhindern, daß die vordere Sitzkante unangenehme Drucklähmungen verursacht.

Liegen

Jung: Alle diese Einflüsse — bessere Entspannung, günstigere Blutverteilung, geringere Arbeit zur Erhaltung des Körpergleichgewichtes — müßten doch eigentlich beim Liegen noch stärker zur Geltung kommen. Außer dem Steineschleifen sind mir aber keine liegend ausgeführten Arbeiten bekannt.

Wissmann: Es lassen sich auch Pflanzenarbeiten vom Liegen aus mit sehr viel weniger Energieaufwand und Ermüdung ausführen als im Knien, Hocken oder Sitzen. Davon ist in der Praxis schon Gebrauch gemacht worden, indem Arbeiterinnen auf einem flachen Liegewagen über die Felder gefahren wurden. Im allgemeinen arbeitet es sich aber im Liegen schlecht, weil die Bewegungsfreiheit der Arme und Beine wie auch das Blickfeld der Augen stark beschränkt sind. Gelegentlich müssen ja wohl Arbeiten im Liegen zwangsweise ausgeführt werden, bei denen das Liegen als besondere Erschwerung zu werten ist, so vor allem die Arbeit des Bergmannes und manche Maschinenreparaturen.

Fuchs: Man sollte daher alle Maschinen nach Möglichkeit so bauen, daß die Reparaturen und die Montage keine Maulwurfsarbeit erfordern. Im Falle des Automobils ist hier Vorbildliches geschehen. Wie viele gute Lösungen gibt es, das Auto von unten zugänglich zu machen, und wie viele Wünsche läßt der Maschinenbau in dieser Richtung noch offen.

Wissmann: Die Arbeit des Bergmannes in Flözen von niedriger Höhe ist freilich nicht zu umgehen. Sie ermüdet, weil alle Bewegungen sehr beengt sind. Sie kann nur durch entsprechende Erholungspausen ausgeglichen werden.

Fröhlich: Mit dem Begriff „Erholungspause" geben Sie mir das Stichwort zu einer Reihe weiterer Fragen.

MERKTAFEL 19

Tretkraft und Sitzanordnung

Die größte Tretkraft wird erreicht, wenn — wie bei der gestrichelten Figur — Sitz und Fußhebel in gleicher Höhe liegen und wenn das Bein nahezu gestreckt ist. Höherer, tieferer oder näherer Sitz führen zu geringeren Kräften (Zahlenangaben für ein Bein).

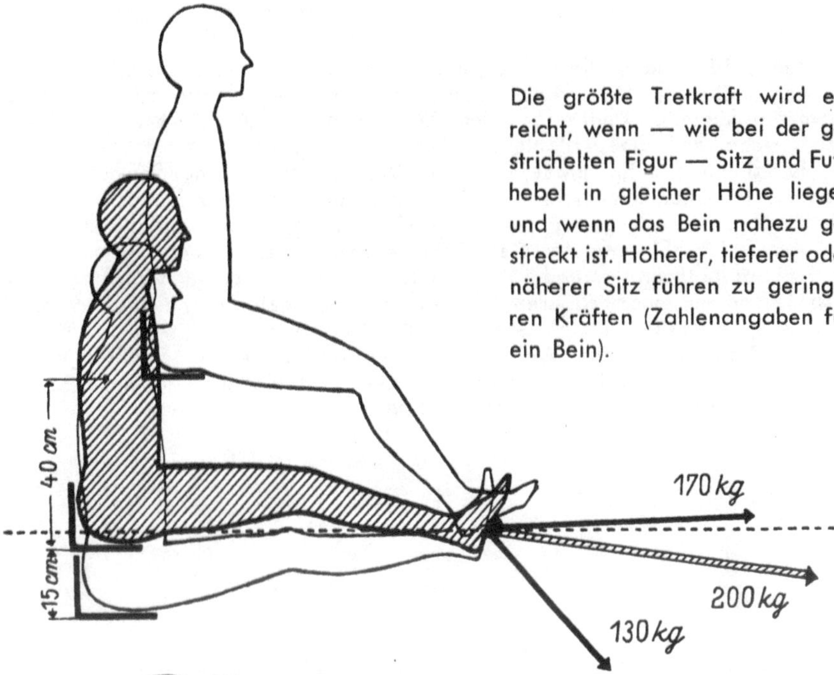

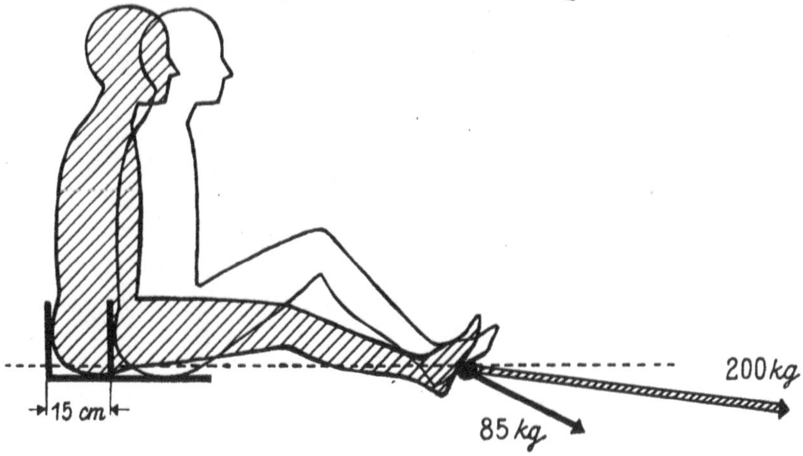

W i s s m a n n : Damit schneiden Sie allerdings ein sehr umfangreiches Thema an, das viel mehr Zeit in Anspruch nehmen würde, als mir heute zur Verfügung steht. Ich möchte daher vorschlagen, daß wir unser Gespräch vielleicht in der nächsten Woche fortsetzen.

*

Für den Betrieb hatte diese Aussprache zwei Ergebnisse: Sie ermöglichte es, die Verhandlungen über verschiedene innerbetriebliche Rationalisierungsmaßnahmen in kurzer Zeit mit allgemeiner Zustimmung in Gang zu setzen. Sie führte weiter dazu, daß die geplante Fortführung des Gespräches nicht im arbeitsphysiologischen Institut, sondern in dem Werk selbst stattfand. Bei den Besprechungen, in denen die Herren Fröhlich, Fuchs und Jung das Gehörte an ihren Mitarbeiterkreis weitergaben, wurde von vielen Seiten immer wieder der Wunsch laut, an der Fortführung der Gespräche teilnehmen zu können. Daraufhin rief Dr. Fröhlich im Institut an und bat Dr. Wissmann, die Besprechung im Werk selbst fortzusetzen und einer größeren Zahl von Betriebsangehörigen die Teilnahme als Zuhörer zu gestatten. Dr. Wissmann sagte dies natürlich zu, weil er sich eine bessere Plattform für die Weitergabe arbeitsphysiologischer Erfahrungen gar nicht wünschen konnte. Hier wird aus dem Gespräch wiederum nur das Kernstück wiedergegeben, das für das Thema wichtig ist.

ERHOLUNG, ERMUDUNG UND ADÄQUATE LEISTUNG

Erholungspausen

Fröhlich: Auch bei guter Gestaltung des Arbeitsplatzes und bei Verwendung des besten Gerätes wird in einer achtstündigen Arbeitszeit die Einhaltung von Erholungspausen notwendig sein. Zunächst die Frage: Wie soll sich der Arbeiter in der Mittagspause verhalten, welchen Einfluß hat dabei die Umgebung?

Wissmann: Nur bei guter Entspannung erholt sich der Körper von der Ermüdung. Auf einem bequemen Stuhl, in warmen, freundlichen Räumen und bei schmackhaftem und ausreichendem Essen, mit einem Pfeifchen danach ist Müdigkeit kein unangenehmer Zustand. Sie wird es erst, wenn man in einem kahlen Raum auf harter Bank sitzt, friert und ein lieblos gekochtes Essen vorgesetzt bekommt. Dieses unangenehme Gefühl ist aber ein Ausdruck des sicheren Instinktes, daß etwas nicht in Ordnung ist, nämlich die Erholung.

Fröhlich: Ihre Idylle zeigt, welche Bedeutung den Begleitumständen der Erholung beizumessen ist. Leider sind im Kriege mit den Betrieben auch viele vorbildliche Aufenthaltsräume zerstört worden. Immerhin glaube ich, daß der weitschauende Betriebsleiter auf die Herrichtung guter Aufenthaltsräume ebensolchen Wert legen wird, wie auf den Aufbau zweckmäßiger Produktionsanlagen. Gibt es Arbeiter, bei denen eine Erholung im Liegen angebracht ist?

Wissmann: Bei Arbeitern und vor allem bei Arbeiterinnen, bei denen sich fortgesetztes Stehen am Fleck nicht vermeiden läßt, ist eine Entlastung der Beingefäße durch Liegen in den Pausen besonders erholsam. Auf den üblichen Liegestühlen mit hängender Stoffbahn ist allerdings eine vollständige Entspannung ebensowenig möglich wie auf ganz flachen Unterlagen. Ideal ist ein Stuhl, der den Körper in den Hüften und Knien leicht beugt. (Taf. 18.)

Fuchs: Neben der Frage, wie sich der Arbeitende in den Pausen verhalten soll, ist es wichtig, die günstigste Länge und Verteilung der Pause für jeden Beruf zu finden. Läßt sich etwas Grundsätzliches darüber sagen?

Wissmann: Bei Schwerarbeit ist die notwendige Länge der Pausen relativ leicht festzustellen, weil der Gesamt-Tageskalorienaufwand 4800 Kalorien nicht überschreiten soll. Von diesen 4800 Kalorien stehen ja nur 2400 als Arbeitskalorien zur Verfügung. Erfordert also die Arbeit 400 Kalorien je Stunde, so kann sie nicht länger als sechs Stunden durchgehalten werden. Eine achtstündige Arbeitszeit muß also zwei Stunden Pause enthalten. Es ist jedoch nicht angängig ,nur einfach eine sechsstündige Arbeitszeit anzusetzen und die Pause gewissermaßen an den Schluß zu hängen.

Fuchs: Ist es bei durchgehender Arbeitszeit richtiger, eine größere Anzahl von Kurzpausen oder nur eine längere Pause zu machen?

Wissmann: Der Erholungswert jeder Pause ist in den ersten Sekunden am größten. Mit längerer Pausendauer wird er immer kleiner und schließlich belanglos; daher sind häufige kurze Pausen wirkungsvoller als eine lange. Es kommt hinzu, daß bei einer längeren Pause der Arbeitsrhythmus verloren geht und eine neue Einarbeit erforderlich wird. Das gilt auch für leichtere Arbeiten, die eine hohe Aufmerksamkeit oder große Geschicklichkeit verlangen. (Taf. 20 und 21.)

Fuchs: Es wird Ihnen nicht unbekannt sein, daß willkürliche, d. h. nicht vereinbarte Kurzpausen während der Arbeit weder von der Betriebsleitung gern gesehen noch vom Arbeiter gern gezeigt werden.

Wissmann: Das haben wir sehr deutlich bei den ganztägigen Zeitaufnahmen gefunden, die wir bei vielen Arbeitern durchgeführt haben. Es ist ein offenbar schwer auszurottendes Vorurteil, daß Nichtstun in der Schichtzeit unbedingt einen Verlust an Leistung bedeuten muß. Das führt dann dazu, daß die Arbeit so lange gestreckt wird, bis sie ungefähr die Schichtzeit ausfüllt, statt daß Arbeits-

---

MERKTAFEL 20

Pausengestaltung

Kurzpausen sind bei keiner Arbeit zu entbehren. Die ersten Pausen-Sekunden bringen den größten Erholungsgewinn.

Die Länge der Kurzpausen soll im Laufe der Schicht zunehmen.

Die Häufigkeit muß sich nach der körperlichen und geistigen Arbeitsschwere richten. Bei leichtesten Arbeiten genügen wenige Kurzpausen im Laufe der Schicht (s. Taf. 21). Je schwerer die Arbeit, um so häufiger müssen Kurzpausen eingelegt werden, bei schwersten Arbeiten unter Umständen schon nach wenigen Minuten Arbeit (z. B. beim Treppensteigen unter Last, bei schwerem Graben und Hacken, auch bei Arbeit in großer Hitze).

Pausen sollen nicht mit Nebenarbeiten ausgefüllt werden.

Nach Hitzearbeit ist in den Pausen wirksame Entwärmung anzustreben.

Betriebspause: Frühstückspause nicht unter 15 Minuten Länge.

Mittagspause nicht unter 30 Minuten Länge, besser 45 Minuten Länge.

Zum Essen Arbeitsplatz verlassen!

Fall 1

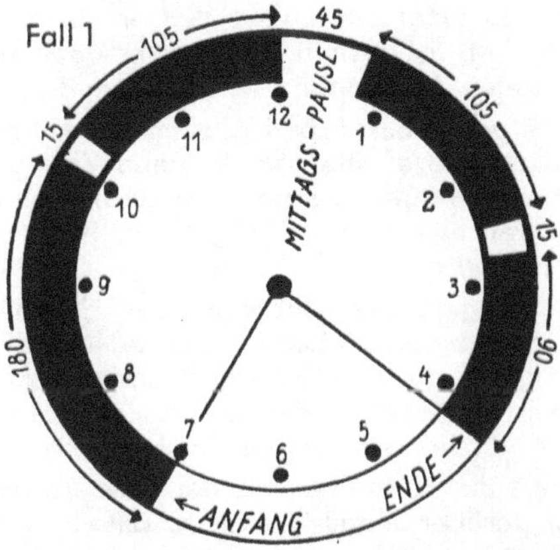

MERKTAFEL 21

Günstigste Verteilung von Kurzpausen

in Betrieben mit leichter Körperarbeit und überwiegenden Handzeiten unter Zugrundelegung der 48-Stunden-Woche. (Montag bis Freitag je 8½ Stunden, Samstag 5½ Stunden.)

Fall 2

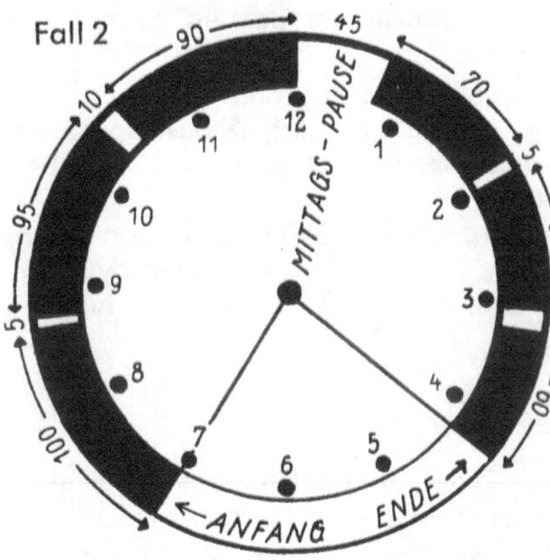

Fall 3

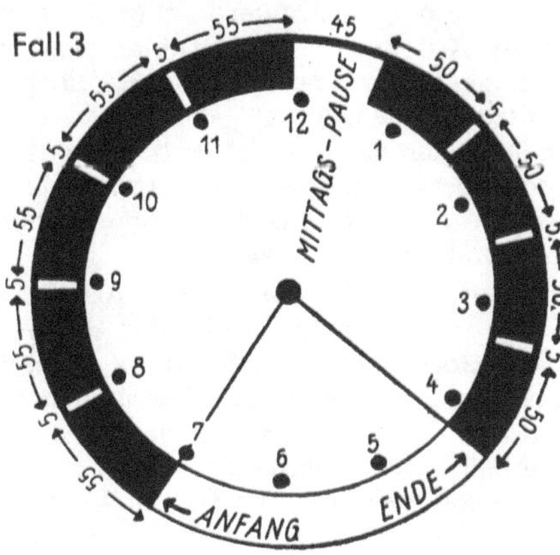

Fall 1: Bei freier Arbeit ohne Zwangstempo:
2 Kurzpausen je 15 Minuten.

Fall 2: Bei freier, aber stärker ermüdender Arbeit:
2 Kurzpausen je 10 Minuten,
2 Kurzpausen je 5 Minuten.

Fall 3: Bei gebundener Arbeit, die ein ununterbrochenes Tätigsein verlangt, z. B. am Fließband:
7 Kurzpausen je 5 Minuten.

abschnitte mit flottem Tempo von Pausen unterbrochen werden, in denen der Arbeiter sich wirklich hinsetzt und nichts tut. Es versteht sich, daß er dazu einen staubigen, lärmerfüllten und hitzebelasteten Arbeitsplatz verlassen muß.

Fuchs: Das von Ihnen erwähnte Strecken der Arbeit gibt immer Anlaß zu Meinungsverschiedenheiten. Die für die Akkordfestlegung üblichen Zeitstudien werden nicht immer im Hinblick auf die notwendigen Erholungspausen gemacht. Ich gebe zu, daß dies nicht leicht ist, weil eine Pause häufig hinter mehr oder weniger überflüssigen Arbeiten versteckt wird.

Wissmann: Immerhin zeigt eine ganztägige Zeitaufnahme unter Umständen an der Zunahme der Häufigkeit und Dauer dieser Nebenarbeiten oder auch der Zeiten für Leerwege während der Arbeit, daß das Erholungsbedürfnis gewachsen, die Erholungszeit also kurz bemessen ist. Würde bei den Zeitstudien mehr auf diese Dinge geachtet, so würde sich ihre Nützlichkeit noch unmittelbarer erweisen.

Fröhlich: Vergessen Sie nicht, daß die Zeitstudie in erster Linie Vorgabezeiten festlegen soll. Wenn es aber darüber hinaus gelänge, physiologische Unterlagen für den Erholungszuschlag zu gewinnen, dann würden nicht nur manche Lohnstreitigkeiten überflüssig werden, auch die Leistung würde dadurch gehoben werden können.

Von größter Bedeutung wird das Pausenproblem bei allen Arbeiten, bei denen der Arbeiter nicht die Möglichkeit hat, Arbeitspausen nach Bedarf selbst einzulegen, d. h. bei Arbeiten mit Zwangstempo, etwa bei zeitgebundener Fließarbeit.

Wissmann: Sehr richtig, bei Fließarbeit muß man entweder die Bandgeschwindigkeit so verlangsamen, daß bei flotter Arbeit zwischen den einzelnen Griffen Pausen möglich sind, oder man muß das Band in bestimmten Intervallen einige Minuten stillsetzen.

Physiologisches Arbeitstempo

Aber noch ein weiteres Problem hat sich dabei gezeigt; der Mensch arbeitet bei freier Arbeit keineswegs stundenlang starr im gleichen Tempo. Er folgt vielmehr einem typischen Tagesrhythmus. Nach Arbeitsbeginn steigt das Tempo allmählich auf einen Höchstwert, um gegen Mittag wieder zu sinken. Anstieg und Abfall gegen Arbeitsende wiederholen sich am Nachmittag, der Gipfel erreicht aber nicht mehr die Vormittagshöhe. Diesen Wellenverlauf nennt man die „physiologische Arbeitskurve". Die Kurve, die Sie hier sehen (Taf. 22), erstreckt sich über 24 Stunden und ist in der Praxis gewonnen worden. Versuche, das Bandtempo diesem menschlichen Tagesrhythmus anzupassen, hatten den Erfolg, daß größere Leistungen bei geringerer Ermüdung erzielt wurden als bei unveränderter Bandgeschwindigkeit.

Fröhlich: Darf man einen Arbeitsverlauf, der Ihrer physiologischen Arbeitskurve entspricht, tatsächlich für alle Arbeiter und alle Arbeiten fordern? Man findet doch relativ häufig Leute, denen es offenbar liegt, erst einmal mächtig loszulegen, um im ersten Anlauf den größten Teil ihres Pensums zu bewältigen und sich dann für den Rest der Schicht Zeit zu lassen. Andere bummeln anfangs und kommen erst unter dem Druck des nahenden Schichtendes und der noch nicht getanen Arbeit auf volle Touren. Verhalten sich die Leute nach Ihrer Ansicht falsch, oder folgen sie einer persönlichen Anlage, die respektiert werden muß?

MERKTAFEL 22

Biologischer Tagesrhythmus der Leistungsfähigkeit

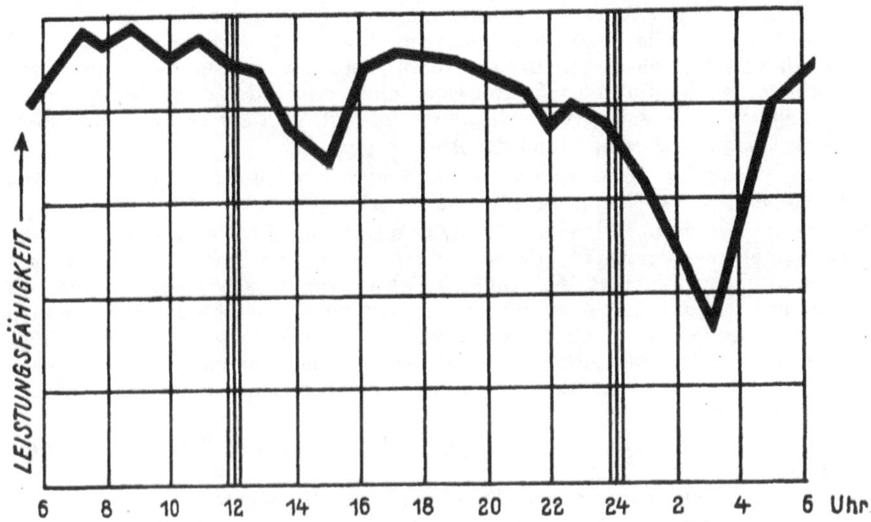

Wissmann: Diese Leute verhalten sich sicherlich falsch. Selbst wenn es dem einen oder anderen mehr liegen sollte, zu Beginn oder zum Ende der Schicht mit gesteigertem Tempo in kurzer Zeit einen Teil seines Arbeitspensums zu erledigen, so handelt er doch gegen seinen eigenen Körper und seine Gesundheit. Es ist leicht nachzuweisen, daß bei dieser Arbeitsweise eine viel größere und nachhaltigere Ermüdung eintritt als bei der Arbeitsverteilung, die ich als physiologische Arbeitskurve beschrieben habe. Es handelt sich also nicht um eine positive Anlage, sondern eher um die Unfähigkeit, sich die Arbeit vernünftig einzuteilen.

Fröhlich: Wie wollen Sie aber bei freier Arbeit einen Menschen dazu bringen, daß er sein Arbeitstempo richtig steuert?

Wissmann: Zunächst einmal dadurch, daß ich ihm überhaupt Kenntnis über diese Zusammenhänge gebe mit der Aufforderung, sich an die Stundenleistungen zu halten, die ihm beispielsweise als Stückzahlen in die Hand gegeben werden. Danach sollen bei Tagschicht folgende Prozente der Durchschnittsstundenleistung in den einzelnen Schichtstunden eingehalten werden:

in der 1. Stunde etwa	91 Prozent	nach der Mittagspause	
in der 2. Stunde etwa	96 Prozent	in der 6. Stunde etwa	98 Prozent
in der 3. Stunde etwa	104 Prozent	in der 7. Stunde etwa	104 Prozent
in der 4. Stunde etwa	107 Prozent	in der 8. Stunde etwa	97 Prozent
in der 5. Stunde etwa	103 Prozent		

Bei einer Anzahl von Arbeiten können Sie das noch eleganter mit einer von unseren Psychologen erfundenen Arbeitsleituhr machen. Diese Uhr soll den Arbeiter von der häufig schwierigen Aufgabe entlasten, sich das Pensum richtig einzuteilen, ohne ihn doch ganz starr an ein Tempo zu binden. Auf dem Zifferblatt dieser Uhr bewegen sich zwei große Zeiger. Der Stand des einen Zeigers gibt an, wieviel der Arbeiter geleistet haben soll, während der andere Zeiger angibt, wieviel er in Wirklichkeit geleistet hat. Wesentlich ist, daß die Geschwindigkeit des Soll-Zeigers der physiologischen Arbeitskurve folgt. Der Arbeiter arbeitet im Idealfall so, daß sich beide Zeiger dauernd decken. Wenn er auch dem Sollwert gelegentlich voraus- oder nachläuft, so sieht er doch mit einem Blick den augenblicklichen Stand der Abweichung.

Fröhlich: Die Sache gefällt mir, zumal dem Arbeiter ein gewisses Maß von Freiheit erhalten bleibt, sein Tempo zu wählen.

Wissmann: Diese Freiheit ist übrigens nicht sehr groß, wenn man die Bewegungsgeschwindigkeit für die einzelnen Handgriffe betrachtet. Genauere Untersuchungen haben gezeigt, daß die Schwankungsbreite zwischen einer als unnatürlich langsam und einer als übersteigert schnell empfundenen Bewegung erstaunlich gering ist. Größere Abweichungen vom Mittelwert als 10 bis 15% dürften selten sein. Der Arbeiter regelt also im allgemeinen sein Tempo nicht durch schnelleres oder langsameres Sich-Bewegen, sondern durch kürzere oder längere Pausen.

Jung: Gilt das auch für ausgesprochene Schwerarbeit, z. B. für das Schaufeln oder Graben?

Wissmann: Die individuellen Unterschiede bei Schwerarbeit dürften etwas größer sein, aber auch hier können wir sagen, daß der geringste Energieverbrauch bei einer mittleren Bewegungsgeschwindigkeit liegt, die etwa dem entspricht, was wir als flottes Tempo bezeichnen. Zu rasche Bewegung hindert den Muskel, seine größte Leistung abzugeben. Und je langsamer eine Bewegung wird, desto mehr nähert sie sich dem Charakter der ermüdenden Haltearbeit, und desto weniger kann die lebendige Energie ausgenutzt werden. Einfaches Beispiel: Es kostet mehr Energie und ist ermüdender, einen Kilometer zu laufen, statt zu gehen, obwohl das Laufen die halbe Zeit beansprucht. Auf die Berufsarbeit angewandt, wäre es also verfehlt, die Arbeit auf zu kurze Zeit zusammenzudrängen. Andererseits wird es niemand als energiesparend und natürlich empfinden, im Einkilometertempo zu gehen. Die Ermüdung würde viel rascher einsetzen als bei einem mittleren Tempo.

Ermüdung

Fröhlich: Jedenfalls drängt die Frage der Arbeits- und Pausengestaltung immer mehr dazu, die Ermüdung leicht und zuverlässig messen zu können. Haben Sie nicht selbst schon an dieser Frage gearbeitet?

Wissmann: Die Ermüdung oder die ermüdende Wirkung einer bestimmten Arbeit meßbar zu machen, ist eines unserer Hauptziele. Diese Aufgabe ist allerdings recht kompliziert. Man muß es dabei vermeiden, nach dem Stein der Weisen zu suchen, d. h. ein allgemein anwendbares Verfahren zu erwarten, mit dem sich die Ermüdung bei schwerer Muskelarbeit genau so gut wie die geistige Ermüdung oder mit dem sich die Ermüdung einzelner Sinnesorgane, z. B. der Augen, ebenso gut messen läßt wie die Ermüdung bei Feinarbeit.

Die Ermüdung bei schwerer körperlicher Arbeit ist noch am leichtesten zu verfolgen. Sie hängt nicht nur von der Schwere, vom Energieumsatz ab, sondern auch von der Art der Arbeitsausführung. Wir sprachen neulich schon von der ermüdenden Wirkung der Haltearbeit infolge verschlechterter Durchblutung. Aber auch bei Bewegungsarbeit kann die Durchblutung der Muskeln mehr oder weniger gut sein. Es war nun möglich zu zeigen, daß die Zunahme der Pulsfrequenz während der Arbeit um so steiler verläuft, je ermüdender körperliche Arbeit ist. Mit unseren Geräten zur fortlaufenden Messung der Pulszahl während der Berufsarbeit können wir bei bestimmten Arbeiten jetzt schon Aussagen über ihre ermüdende Wirkung machen.

Arbeitszeit

Fröhlich: Wenn wir erst ein Maß für die ermüdende Wirkung einer Arbeit haben, dann sind wir dem Problem, welche größte Leistung und welche längste Arbeitszeit dem einzelnen ohne Schädigung zugemutet werden dürfen, sicher ein gutes Stück nähergekommen. Was sagen Sie aus arbeitsphysiologischer Sicht zum Achtstundentage?

Wissmann: In der Hauptsache sind es drei Faktoren, die im Einklang stehen müssen: Arbeitszeit, Erholungszeit und Produktion. Als man im Kriege zehn- bis zwölfstündige Arbeitszeiten und dazu zwei bis drei Arbeitssonntage im Monat einführte, folgte die Produktion keineswegs dieser Zeitverlängerung. Die Erholungszeit war zu kurz. Es wurden daher in mehr oder weniger versteckter Form zusätzliche Erholungszeiten in die Arbeitszeit verlegt.

Fröhlich: Das bedeutet also, daß die achtstündige Arbeitszeit nicht nur aus praktischen Erwägungen, z. B. beim mehrschichtigen Betrieb, die glücklichste Lösung für die Mehrzahl der Schaffenden und der Betriebe ist. Wie steht es aber mit der häufig erörterten Frage, ob es günstiger ist, an sechs Tagen je acht oder an fünf Tagen je neuneinhalb Stunden zu arbeiten? Sie wissen sicher, daß vor allem in ländlichen Bezirken viele Arbeiter Wert auf einen freien Samstag legen.

Wissmann: Diese Frage ist nicht ganz einfach zu beantworten. Ich möchte sagen, daß ich bei allen Arbeiten mit einseitig großer Belastung, sei sie körperlicher oder geistig-seelischer Natur, der Sechstagewoche den Vorzug geben würde.

Fuchs: Auf Grund Ihrer Ausführungen muß ich annehmen, daß Sie von der Sonntagsarbeit nicht viel halten.

Wissmann: Nicht ohne Grund. Der im Krieg zur Selbstverständlichkeit gewordene Mißbrauch des Sonntags scheint noch nicht überall beseitigt zu sein. Jeder angestrengt Arbeitende braucht den Sonntag zur Erholung und Entspannung. An dieser Tatsache ändern auch wirtschaftliche Notwendigkeiten nichts.

Fuchs: Ich muß Ihnen recht geben. Irgendwelche Nachteile oder Schäden sind immer damit verbunden. Es gibt zwar vereinzelte Arbeitsplätze, wie am Hochofen oder in Kraftzentralen, an denen Sonntagsarbeit nicht zu vermeiden ist. In diesen Fällen muß eben ein entsprechender Ruhetag in der Woche eingelegt werden. Sind Ihnen auch Arbeiten bekannt, bei denen aus gesundheitlichen Gründen von der 48-Stundenwoche abgewichen werden sollte?

Wissmann: Beim Saisonarbeiter in der Landwirtschaft z. B. sind längere Arbeitszeiten nicht zu umgehen und deshalb vertretbar, weil sie gewöhnlich einen Ausgleich im Jahresablauf finden. Kürzere Arbeitszeiten sind unter ungünstigen klimatischen Bedingungen, etwa in den Tropen oder im Bergbau, angezeigt.

Fröhlich: Kann man heute schon für die tägliche maximale Leistung allgemein gültige Normen aufstellen?

Wissmann: Für schwerste körperliche Arbeit ist zweifellos der Kalorienverbrauch ein Maßstab für die zumutbare Leistung. Mehr als etwa 4800 Kalorien täglich kann, wie ich schon früher sagte, ein gesunder Mensch auf die Dauer nicht ohne Schädigung des Organismus ausgeben. Es kommt immer darauf an, daß im täglichen und wöchentlichen Wechsel von Arbeit und Freizeit die Ermüdung durch die Erholung vollständig beseitigt werden kann. Diejenige Tagesleistung, bei der ein Gleichgewicht zwischen Ermüdung und Erholung soeben noch möglich ist, bezeichnen wir als höchste zumutbare oder kurz „adäquate Leistung".

Adäquate Leistung

Fröhlich: „Adäquate Leistung" haben Sie den Begriff genannt, nach dem wir schon lange suchen, um sowohl für die Arbeits- und Pausengestaltung als auch für die Akkordberechnung, Kalkulation und Produktionsplanung endlich eine Bezugsgröße vom Menschen her zu haben. Da die adäquate Leistung physiologisch bestimmt ist, kann sie uns vielleicht dazu verhelfen, die mehr oder weniger willkürlich definierten Begriffe wie „Durchschnittsleistung" oder „Regelleistung" oder „Hundertprozentige Leistung" durch einen einheitlichen Leistungsbegriff zu ersetzen. Glauben Sie, daß auch bei Arbeiten, die bei geringer Muskeltätigkeit im wesentlichen unsere Sinne und Nerven beanspruchen, wie es z. B. beim Kranführer und Autofahrer, bei der Spinnerin und Stenotypistin der Fall ist, eine adäquate Leistung feststellbar ist?

Wissmann: Wir hoffen, daß das mit dem Fortschreiten unserer arbeitswissenschaftlichen Erkenntnisse mehr und mehr möglich sein wird. Im Augenblick macht es besonders bei Arbeiten, bei denen die Ermüdung im wesentlichen nervöser Natur ist, noch große Schwierigkeiten, die Ermüdung quantitativ zu messen.

Fröhlich: Die adäquate Leistung stellt offenbar den Grenzwert dar, bis zu dem sich ein Mensch auf die Dauer ohne Schaden in seiner Berufsarbeit verausgaben kann. Sicherlich ist dieser Grenzwert individuell verschieden, da man ja offenbar einem kräftigen Mann ohne Schaden eine größere tägliche Leistung zumuten kann als einem schwächeren?

Wissmann: Gewiß, und auch einem jüngeren Mann eine größere Leistung als einem älteren. Denken Sie daran, daß im allgemeinen Verkehrsflieger nach dem 40. Jahr nicht mehr in diesem Beruf bleiben dürfen.

Fröhlich: Kommt das nicht daher, daß diese Leute vorzeitig verbraucht sind, daß sie also während ihrer jungen Jahre die adäquate Leistung überschritten haben?

Wissmann: Nein, das anzunehmen ist nicht nötig. Die Abnahme der Leistungsfähigkeit unserer Muskeln, der Schärfe und der Reaktionsgeschwindigkeit unserer Sinnesorgane mit zunehmenden Jahren, besonders die der Augen, erfolgt unabhängig von der Beanspruchung und führt zu einer Abnahme der adäquaten Leistung bis zur völligen Unfähigkeit, eine bestimmte berufliche Aufgabe zu erfüllen. Früher mag wohl die Mehrzahl der körperlich arbeitenden Berufe so schwer gewesen sein, daß ein vorzeitiges Versagen und Altern die Regel war. Heute sind in den Kulturstaaten solche Berufe immer seltener zu finden.

Fröhlich: Ich glaube, da überschätzen Sie den Fortschritt. Erst kürzlich hörte ich beim Besuch eines Kalksteinbruches, daß die außerordentlich schwer arbeitenden Kalklader diese Arbeit mit spätestens 48 Jahren aufgeben müssen. Bekannt ist das übrigens auch von einigen Berufen des Bergbaus — vor allem des Erzbergbaus — und der Hüttenindustrie, z. B. bestimmten Ofenleuten, Walzern oder Zinkschmelzern, obwohl die Schichtzeit der letzteren nur vier oder fünf Stunden beträgt. Wie schwer diese Berufe sind, ergibt sich schon daraus, daß von zehn Neulingen meist nur einer bei der Stange bleibt.

Wissmann: Das scheinen mir sehr wichtige Beispiele dafür zu sein, daß man auch ohne Ermüdungsmessung die adäquate Leistung beurteilen kann, die hier ja zweifellos überschritten wird. Ich nannte vorhin 4800 Kalorien als höchstzulässigen täglichen Verbrauchswert. Ich fürchte, daß die Kalklader und Zinkschmelzer über diese Grenze hinaus beansprucht sind.

Fröhlich: Für die Kalklader im Steinbruch wird das bestimmt zutreffen. Für die Zinkschmelzer dagegen, die sicher nicht so hoch kommen, müssen andere Momente die Ursache für die vorzeitige Abnutzung sein. Offensichtlich ist die sehr große Hitze am Arbeitsplatz daran schuld.

Wissmann: Ungünstige klimatische Bedingungen am Arbeitsplatz können die zuträglichen Leistungen erheblich herabsetzen. Bei größerer Hitze ist der Körper genötigt, eine starke Hautdurchblutung und Schweißabsonderung in Gang zu halten, um einen Anstieg seiner Temperatur zu verhindern. Das beansprucht seinen Blutkreislauf, besonders seine Herztätigkeit aufs stärkste. Tag für Tag arbeitet er mit erhöhter Pulszahl und erhöhtem Blutdruck, bis eines Tages das Herz diesen Anforderungen nicht mehr gewachsen ist. Da praktisch eine Kürzung seiner Arbeitszeit unter vier Stunden nicht in Frage kommen dürfte, lassen sich adäquate Arbeitsbedingungen in solchen Fällen nur durch einen verbesserten Wärmeschutz des Arbeiters oder längere Entwärmungspausen erzielen.

Bewertung des Arbeitsplatzes

Fröhlich: Wenn ich den Sinn Ihrer Ausführungen recht verstanden habe, bedeutet adäquate Leistung letzten Endes, daß die besonderen Anforderungen eines bestimmten Arbeitsplatzes und die persönliche Leistungsfähigkeit des Arbeitenden aufeinander abgestimmt sind. Um diese Abstimmung zu erreichen, müssen sowohl die Anforderungen des Arbeitsplatzes als auch die Leistungsfähigkeit des Arbeiters erfaßt werden. Es wird Ihnen nicht unbekannt sein, daß man sich in der Praxis bereits um eine Erfassung der Anforderungen des Arbeitsplatzes bemüht, wenn auch aus einem anderen Grunde. Ich denke an die sogenannte Arbeitsbewertung. Mit ihrer Hilfe sollen wenigstens innerhalb eines Betriebes gleiche Anforderungen an den Arbeitenden gleich entlohnt werden.

Wissmann: Beim Studium der adäquaten Leistung haben auch wir uns mit der Aufgabe befaßt, wissenschaftliche Maßstäbe für die Anforderungen zu finden, die eine bestimmte Arbeit unter den gegebenen Umständen an den Arbeiter stellt. Damit treffen wir mit den von Ihnen erwähnten Versuchen der Praxis zusammen, durch eine gründliche Untersuchung am Arbeitsplatz eine objektive Beurteilung der Arbeit zu ermöglichen. Wieweit sind diese Versuche in der Praxis gediehen?

Fröhlich: Es handelt sich im wesentlichen um zwei Verfahren, die praktisch Anwendung gefunden haben. Bei dem einen werden willkürlich eine Anzahl von Lohngruppen gebildet, meist sechs oder acht. Die Arbeit wird als Ganzes auf Grund erfahrungsmäßig festgelegter Richtbeispiele bewertet und in eine dieser Lohngruppen eingestuft. Dieses natürlich recht grobe Verfahren ist nur für sehr einfache und gleichartige Arbeiten geeignet. Das andere Verfahren beginnt mit einer genauen Untersuchung der Arbeit. Es teilt die Anforderungen, die eine Arbeit an den Arbeitenden stellt, in eine Anzahl charakteristischer Einzelmerkmale auf. Durch Schätzung oder Messung wird versucht, den Grad der Anforderung für jedes Merkmal festzustellen und zahlenmäßig auszudrücken. Solche Merkmale sind z. B. Berufsausbildung und Erfahrung, Handfertigkeit und Körpergewandtheit, Denkfertigkeit und Geistesgegenwart, Verantwortung, Aufmerksamkeit, körperliche Beanspruchung und Umwelteinflüsse.

Wissmann: Diese Auswahl von Merkmalen halte ich für recht brauchbar. Die Merkmale scheinen mir gut gegeneinander abgegrenzt zu sein. Verwendet man dagegen so verwaschene Begriffe wie Anpassungsfähigkeit oder Arbeitsverhalten, wie ich sie gelegentlich gelesen habe, so besteht die Gefahr, daß sie in der verschiedensten Weise ausgelegt und angewendet werden. Es könnte allerdings sein, daß Ihre Auswahl der Anforderungen nicht für alle Wirtschaftszweige ausreicht. Stellen Sie sich beispielsweise einen Erntearbeiter vor, der seine körperlichen Kräfte bis zum äußersten erschöpfen muß. Die Ausdauer, auf die es bei ihm ganz besonders ankommt, wird mit den genannten Merkmalen nicht entsprechend gewertet. Auch die besonderen Anforderungen in manchen Spezialberufen wie Taucher, Kaminbauer, Spritzlackierer u. a., bedürfen wohl einer zusätzlichen Bewertung. Aber zweifellos kann mit relativ wenigen typischen Merkmalen der größte Teil der Berufe eingestuft werden.

Fröhlich: Eine grundsätzliche Schwierigkeit besteht darin, zu entscheiden, welches Gewicht oder welche Höchstpunktzahl einer Anforderungsart im Vergleich zu den anderen gegeben werden soll. Es liegt in der Natur des Verfahrens, daß nicht vergleichbare Größen miteinander verglichen und in eine Wertskala gebracht werden müssen.

Wissmann: Hierfür wird es zunächst nur den Weg der Erfahrung geben. Vielleicht ist eines Tages mit Hilfe statistischer Vergleiche vieler Betriebe eine bessere Lösung dieser Aufgabe möglich.

Fröhlich: Eine zweite Schwierigkeit besteht darin, innerhalb jeder Anforderungsart die verschiedenen Schweregrade zu definieren, also festzulegen, welche Anforderung als gering, mittel, hoch oder sehr hoch anzusprechen ist. Welche Anforderungen steigen gleich stark wie die Belastung, welche stärker als diese? Da die meisten Anforderungsarten nicht meßbar sind, muß ihr Schweregrad geschätzt werden. Welche Anforderungsarten könnte man denn mit arbeitsphysiologischen Methoden heute schon messen?

Wissmann: Die Messung des Energieverbrauchs bei körperlicher Arbeit macht keine Schwierigkeiten mehr. Auch die Kreislaufbelastung kann durch Messung der Pulszahl am Arbeitsplatz ermittelt werden. Mit diesen beiden Werten ist in Verbindung mit einer sorgfältigen ganztägigen Zeitaufnahme die körperliche Beanspruchung recht genau festgestellt. Verhältnismäßig leicht meßbar sind auch die klimatischen Verhältnisse, wie Strahlung, Temperatur, Luftfeuchtigkeit, Luftbewegung, weiter die Beleuchtung am Arbeitsplatz sowie Störungen durch

MERKTAFEL 23

Welche Arbeitsintensität tritt im Laufe der Schichtzeit auf?

(nach fallenden Werten geordnet)

SCHWERE ARBEIT

KALKLADER:

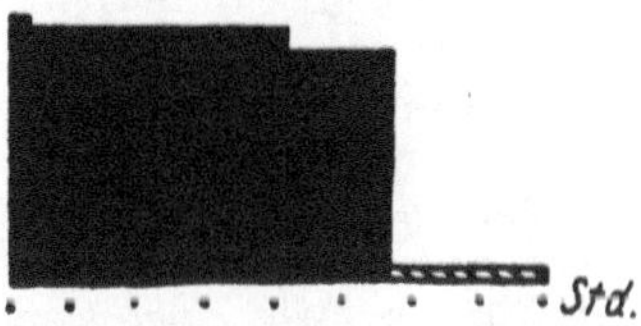

Gleichmäßig hoch über
$5^1/_2$ Std. der Schichtzeit
$2^1/_2$ Std. Pause

WEICHENBAUARBEITER:

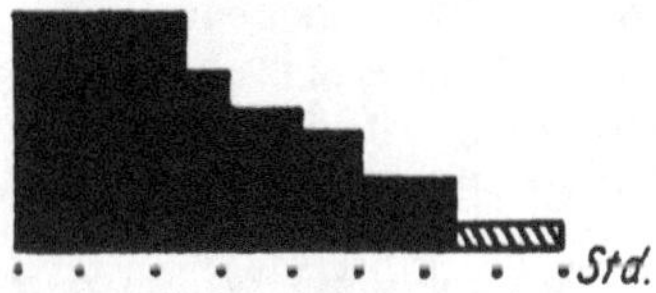

Unregelmäßig hoch über
$6^1/_2$ Std. der Schichtzeit
$1^1/_2$ Std. Pause

MITTLERE ARBEIT

MAURER:

Gleichmäßig hoch über
7 Std. der Schichtzeit
1 Std. Pause

LOKFUHRER GÜTERZUG:

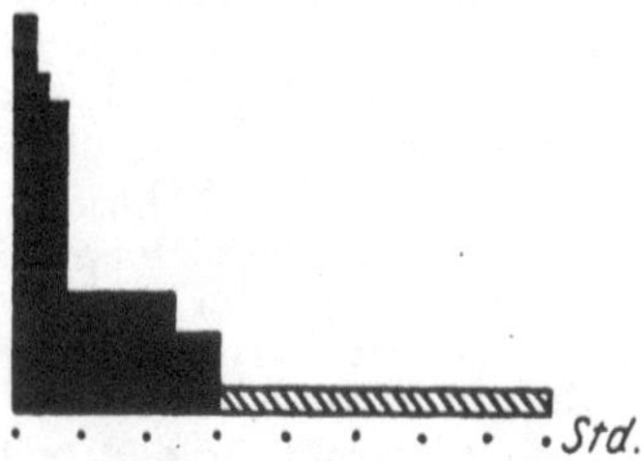

Unregelmäßig mit höchster Spitzenbelastung und langen Bereitschaftszeiten

LEICHTE ARBEIT

DREHER:

Gleichmäßig hoch über
$7^1/_2$ Std. der Schichtzeit
$^1/_2$ Std. Pause

WEICHENWÄRTER:

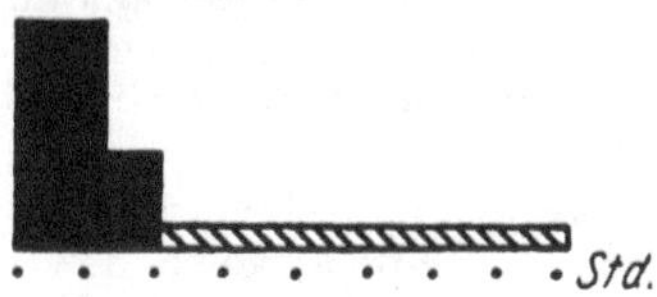

Unregelmäßig mit 2 Std. höherer Belastung und 6 Std. Bereitschaft

Lärm, Staub, Erschütterung, Blendung usw. Dagegen sind Handfertigkeit, Denkfertigkeit und Aufmerksamkeit nicht ohne weiteres meßbar. Ich halte es jedoch für wahrscheinlich, daß die Psychologie im Laufe der Zeit hierfür handliche Meßverfahren entwickelt, die mit ausreichender Sicherheit die verschiedenen Anforderungsgrade wiedergeben und damit eine richtige Einstufung erleichtern. Eine rein charakterliche Anforderung wie die Verantwortung wird sich freilich jeder Meßbarkeit entziehen.

Fuchs: Dem Praktiker interessiert besonders die Messung der körperlichen Beanspruchung. Ist das Meßverfahren hierfür einfach genug, um an jedem Arbeitsplatz mit betriebseigenen Mitteln angewandt zu werden?

Wissmann: Das ist es nicht. Wir haben daher selbst an Hunderten von Arbeitsplätzen den Energieverbrauch gemessen. Beispiele für die mehr oder weniger große Gleichmäßigkeit der Beanspruchung finden Sie in einer weiteren Merktafel. (Taf. 23.) Auf Grund der gefundenen Werte wurde auch ein System entwickelt, das eine recht genaue Schätzung des Kalorienbedarfes erlaubt.

Fröhlich: Ich kann mir keine rechte Vorstellung machen, wie es zu erreichen ist, daß eine derartige Schätzung in den Händen verschiedener Untersucher dasselbe Resultat ergibt.

Wissmann: Das wird dadurch erreicht, daß die Tätigkeit in leicht zu fassende Beanspruchungen wie Stehen, Sitzen, Gehen, Armarbeit, leichte oder schwere Arbeit des Gesamtkörpers aufgegliedert und durch Zeitstudien die Dauer jeder Beanspruchung festgelegt wird. Aus einer Tabelle läßt sich dann der Kalorienwert der Einzelbeanspruchung ablesen und zum Gesamttagesbedarf zusammenzählen. (Taf. 24 s. S. 58 u. 59.)

Fröhlich: Diese Schätzung könnte also dem Refamann zufallen, der an sich durch den Verband für Arbeitsstudien (REFA) geschult ist, die Arbeitsleistung zu erfassen. Er wird zweifellos jedes Verfahren dankbar begrüßen, das ihm eine bessere Beurteilung der Arbeit ermöglicht. Auch die anderen zahlreichen Aufgaben des Refamannes, die Arbeitsvorbereitung, die Akkordvorgabe, der Erholungszuschlag, die Arbeitsgestaltung hängen letzten Endes von einer richtigen Kenntnis der Arbeitsbeanspruchung ab.

Wissmann: Ich höre immer wieder, daß die Stoppuhr in manchen Betrieben noch mit Mißtrauen betrachtet wird, während sie in anderen Betrieben längst als unentbehrliches Meßinstrument zur gerechten Bewertung der Arbeit angesehen wird.

Fröhlich: Wenn man vernünftig mit dem Arbeiter redet und ihm die Bedeutung solcher Messungen klarmacht, wird man fast stets Verständnis bei ihm finden. Es versteht sich, daß man die Stoppuhr nur unparteiisch verwenden darf. Das gilt schließlich nicht nur für die Stoppuhr, sondern auch für jedes andere Meßinstrument.

Wissmann: Es ist vielleicht nicht überflüssig, nochmals zu betonen, daß die Arbeitsplatzbewertung keine Bewertung des Arbeiters bezwecken soll. Sie will lediglich die wesentlichsten Anforderungen eines Arbeitsplatzes festlegen. Ob ein Arbeiter diesen Anforderungen gewachsen ist, bedarf einer besonderen Feststellung mit ganz anderen Methoden.

Beurteilung der persönlichen Leistungsfähigkeit

Fröhlich: Gibt es denn praktisch anwendbare Methoden, um die Leistungsfähigkeit eines bestimmten Mannes zu messen und festzustellen, ob er die Anforderungen eines Arbeitsplatzes erfüllen kann?

Wissmann: Gewiß. Wir müssen jedoch auch hier nicht versuchen, die Leistungsfähigkeit als Ganzes zu bewerten, sondern die Leistungsfähigkeit für jede Anforderungsart getrennt bestimmen. Wir haben uns in erster Linie mit der Messung der körperlichen Leistungsfähigkeit befaßt. Ein rohes Maß gibt uns bei einem muskulösen Manne schon das Körpergewicht, da es dem Muskelgewicht ungefähr parallel läuft. Die Muskelkraft kann auch unmittelbar mit geeigneten Kraftmessern festgestellt werden. Sie ist immer dann von Bedeutung, wenn es weniger auf Ausdauer als auf die Bewältigung gelegentlicher großer Kraftleistungen ankommt, z. B. beim Schmied, beim Lokomotivheizer, beim Bierkutscher. Steht die Ausdauer im Vordergrund, so messen wir den Einfluß einer bestimmten Leistung auf die Pulszahl, die individuell außerordentlich verschieden ist. Der leistungsstarke Mann vermag ohne nennenswerte Erhöhung seiner Pulszahl beträchtliche Arbeit zu verrichten, während umgekehrt das Herz eines schwächlichen Menschen schon bei geringer Anstrengung rascher schlägt. Dieses Maß wird von uns mit Leistungspulsindex bezeichnet.

Fröhlich: Ist nicht die Pulszahl von seelischen Momenten so stark abhängig, daß es zu Fehlmessungen kommen kann?

Wissmann: Bei starken seelischen Erschütterungen kann das vorkommen. Die große Mehrzahl der alltäglichen Stimmungsschwankungen geht jedoch gerade durch das Arbeiten verloren, so daß die Arbeitspulszahl praktisch nicht gestört wird.

Fröhlich: Können die von Ihnen erwähnten Methoden zur Bestimmung der Leistungsfähigkeit schon im Betrieb angewandt werden?

Wissmann: Ja, wir haben transportable Geräte für diesen Zweck gebaut, mit denen im Laufe der Zeit Durchschnittswerte für die Leistungsfähigkeit der Arbeiter in den verschiedenen Berufen gesammelt werden können.

Fröhlich: Daß man die Leistungsfähigkeit einzelner Körperorgane getrennt erfaßt, ist mir aus der Tauglichkeitsuntersuchung bekannt, bei der die Sehschärfe, die Farbentüchtigkeit, das Dunkelsehen, die Hörschärfe usw. geprüft werden. In manchen Berufen ist eine besondere Verfeinerung des Geschmacks- und Geruchssinnes die Berufsgrundlage, z. B. beim Wein-, Tee-, Kaffee- und Tabakprüfer.

Wissmann: Gewiß, in anderen Fällen verlangt der Beruf besonders hohe Anpassungsfähigkeit an außergewöhnliche Bedingungen, z. B. an große Höhen beim Bergführer und Flieger. Auch die Anpassungsfähigkeit an Hitzeklima, sei es in den Tropen, sei es in Feuerbetrieben in unserer Zone, ist sicher von Mensch zu Mensch verschieden und könnte mit geeigneten Methoden geprüft werden. Wir stehen leider noch am Anfang der Entwicklung solcher Methoden, nicht weil wir nicht wissen, wie das zu machen wäre, sondern weil uns einfach die Mittel dazu fehlen. Es müßte doch heute möglich sein, daß ein junger Mensch vor seiner Berufswahl neben einer bereits möglichen psychologischen Prüfung feststellen lassen kann, welche besonderen körperlichen Fähigkeiten und welche Schwächen er besitzt, welchen Belastungen er gewachsen ist und welchen nicht.

Fröhlich: Das ist zweifellos das Ziel, für das es sich lohnte, erhebliche Mittel einzusetzen. Die Leistungsfähigkeit im weitesten Sinne würde dadurch

MERKTAFEL 24

Berechnung des arbeitstäglichen Nahrungsbedarfes

(siehe Erläuterung)

Männer: Grundwert für Grundumsatz, Freizeit und Verdauung = 2300 kcal
+ Stundenwerte aus A für Körperstellung = ... kcal
+ Stundenwerte aus B für Arbeitsschwere = ... kcal

Tagesbedarf = ... kcal

Frauen: (2300 + A + B) · 0 85 kcal

A Körperstellung	Stunden 1	2	3	4	5	6	7	8	9	10
	Arbeitskalorien									
Sitzen	20	40	60	80	100	120	140	160	180	200
Stehen	40	80	120	160	200	240	280	320	360	400
Gehen	120	240	360	480	600	720	840	960	1080	1200
Steigen	250	500	750	1000	1250	1500	1750	2000	2250	2500

B Art der Arbeit		Stunden 1	2	3	4	5	6	7	8	9	10
		Arbeitskalorien									
Handarbeit	leicht	25	50	75	100	125	150	175	200	225	250
	schwer	50	100	150	200	250	300	350	400	450	500
Armarbeit	leicht	75	150	225	300	375	450	525	600	675	750
	schwer	125	250	375	500	625	750	875	1000	1125	1250
Körperarbeit	leicht	200	400	600	800	1000	1200	1400	1600	1800	2000
	mittel	300	600	900	1200	1500	1800	2100	2400	—	—
	schwer	400	800	1200	1600	2000	2400	—	—	—	—
	sehr schwer	500	1000	1500	2000	—	—	—	—	—	—

Erläuterung zur Merktafel 24

Ausgangspunkt ist ein Grundwert von 2300 kcal, der für eine Normalperson gilt und der den gesamten Energieumsatz innerhalb von 24 Stunden mit Ausnahme der bei der Berufsarbeit verbrauchten Arbeitskalorien umfaßt. Diese Arbeitskalorien können mit Hilfe einer Zeitstudie recht genau geschätzt werden, indem man zunächst die Stundenwerte für die jeweilige Körperstellung bei der Arbeit (Tabelle A) ermittelt, z. B.

1 Stunde Sitzen	20 kcal
5 Stunden Stehen	200 kcal
2 Stunden Gehen	240 kcal
Sa. 8 Stunden	460 kcal.

Zu diesen Stellungswerten werden dann die eigentlichen Arbeitswerte addiert, die aus der Tabelle B zu entnehmen sind. Wiederum entsprechend der Stundenzahl werden hier Unterschiede zwischen leichter und schwerer Handarbeit, leichter und schwerer Armarbeit und leichter, mittelschwerer, schwerer und schwerster Körperarbeit gemacht. Die Begriffe „Hand-" und „Armarbeit" sind dabei nicht im strengen Sinne aufzufassen, da naturgemäß eine Handarbeit völlig ohne Beteiligung des Armes überhaupt nicht existiert. Ebenso wird man von Körperarbeit nur dann sprechen, wenn wirklich der ganze Körper in Bewegung gesetzt wird, nicht aber, wenn, wie etwa beim Einschlagen eines Nagels oder bei der Arbeit eines Schuhmachers, nur eine gelegentliche Mitbewegung des Körpers stattfindet. Einen Anhalt für die Einstufung geben die nachstehend aufgeführten Tätigkeiten bei mittlerer Arbeitsintensität:

leichte Handarbeit:	Schreiben, Handstricken,
schwere Handarbeit:	Maschinenschreiben,
leichte Armarbeit:	Handsetzen, Korbflechten,
schwere Armarbeit:	Nägel einschlagen (Schuhmacher),
leichte Körperarbeit:	Feilen, Hobeln, Harken eines Gartenbeetes,
mittlere Körperarbeit:	Teppichklopfen, Fußboden scheuern,
schwere Körperarbeit:	Schaufeln, Umgraben, Axtarbeit,
sehr schwere Körperarbeit:	Transport von schwersten Lasten.

Natürlich können auch Zwischenwertungen vorgenommen werden, so liegt etwa das Mauern zwischen schwerer Arm- und leichter Körperarbeit. Wie bei den Stellungswerten sind auch hier auf Grund von Zeitstudien die Stundenwerte zu ermitteln, z. B.

1 Stunde schwere Handarbeit	50 kcal,
3 Stunden leichte Körperarbeit	600 kcal,
1½ Stunden mittlere Körperarbeit	450 kcal,
2½ Stunden Warten und Pause	— kcal,
Sa. 8 Stunden	1100 kcal.

Zusammenstellung des Tagesbedarfes:

Grundwert	2300 kcal
Stundenwert aus Tabelle A	460 kcal
Stundenwert aus Tabelle B	1100 kcal
= 1560 Arbeitskalorien	
	3860 kcal

erhöht, wenn jeder an die Arbeit käme, für die er am besten geeignet ist. Auch die Leistungsbereitschaft nähme zu, wenn die Unzufriedenheit wegfiele, die immer dann entsteht, wenn die Arbeit einen Menschen nicht ausfüllt oder seine Fähigkeiten übersteigt.

Wissmann: Es ist auch noch viel zu wenig geschehen, um das Sinken der Leistungsfähigkeit nach dem 50. Lebensjahr zu studieren. Würde man sich mit den Arbeitsanforderungen an die abnehmende Leistungsfähigkeit der älteren Arbeiter stärker anpassen, ohne daß sie einen geldlichen Schaden erleiden, so könnte manchem Menschen eine ihn selbst und seinen Arbeitgeber befriedigende Leistung sehr viel länger erhalten bleiben. Statt dessen versucht der Alternde auf Kosten seiner Gesundheit die Leistung der besten Jahre zu halten, um möglichst lange im vollen Lohn zu bleiben.

Fröhlich: Das käme also auf eine Art Alterszuschlag zum Akkordlohn hinaus. Aber wie soll der Betrieb diesen Zuschlag aufbringen? Wenn es sich tatsächlich nachweisen ließe, daß auf diesem Wege eine vorzeitige Arbeitsunfähigkeit seltener und die Krankheitsanfälligkeit geringer werden, könnte man allerdings daran denken, die Sozialversicherung dafür zu interessieren. Beispielsweise könnten die Beiträge von einem bestimmten Lebensalter ab gesenkt und den Betrieben dadurch die Mittel für diesen Alterszuschlag in die Hand gegeben werden.

Die Prüfung der Leistungsfähigkeit dürfte allerdings bei der körperlichen Seite nicht stehen bleiben. Auch psychische Eigenschaften wie Gedächtnis, Reaktionsfähigkeit, Aufmerksamkeit usw. müßten mit erfaßt werden.

Wissmann: Diese Probleme liegen auf der Grenze zwischen Arbeitspsychologie und Arbeitsphysiologie. Es gibt da sehr interessante amerikanische Arbeiten, deren Studium ich Ihnen anrate.

Fröhlich: Ich wäre Ihnen dankbar, wenn Sie mir gelegentlich einige Quellen nennen würden. [1])

Belastbarkeit der Frau im Beruf

Fuchs: Darf ich noch einige Fragen über das Problem der Frauenarbeit stellen? Sie wissen, daß der gegenwärtige Frauenüberschuß uns zwingt, Frauen vermehrt einzusetzen und an Arbeitsplätze zu stellen, die früher dem Manne vorbehalten waren. Gibt es eigentlich Berufe, die aus körperlichen Gründen den Frauen verwehrt sein sollten?

Wissmann: Bei den meisten für Frauen gesetzlich verbotenen Berufen handelt es sich um solche, bei denen physiologische Schäden zu befürchten sind. Dazu gehören die Berufe, die infolge ungewöhnlich großer Hubarbeit die Unterleibsorgane schädigen können, und ferner solche Arbeiten, die mit Vergiftungsgefahr verbunden sind. Während der Menses besteht eine viel größere Empfindlichkeit gegen zahlreiche Gifte als während der übrigen Zeit. Es ist auch an die größere Empfindlichkeit des werdenden Kindes gegenüber manchen Giften gedacht worden. Diese gesperrten Berufe fallen aber zahlenmäßig nicht ins Gewicht gegenüber der Anzahl sonstiger Berufe, die der Frau — zum mindesten theoretisch — offen stehen. Daß bestimmte Berufe von ihr bevorzugt werden, ist in der Hauptsache durch Tradition und seelische Einstellung begründet.

[1]) s. Schrifttum Seite 83.

Fuchs: Sie meinen also, daß Mann und Frau, wenn sie gleich kräftig sind, das Gleiche leisten könnten?

Wissmann: Ja, mit der Einschränkung, daß Arbeit während der letzten Wochen der Schwangerschaft die Geburt erschweren und in den ersten Wochen danach die Ernährung des Kindes gefährden kann. Aber Sie wissen, daß durch gesetzliche Vorschriften eine ausreichende Unterbrechung der gewerblichen Arbeit in diesem Zeitraum gesichert ist, und daß auch für die ganze Zeit der Schwangerschaft besondere Schutzbestimmungen gelten.

Fuchs: Im Durchschnitt sind Frauen doch weniger kräftig als Männer und daher weniger leistungsfähig. Wie groß schätzen Sie diesen Unterschied?

Wissmann: Bei ausgesprochener Schwerarbeit liegt die Leistungsfähigkeit der Frau durchschnittlich 30 Prozent unter der des Mannes. Dieser Unterschied verschwindet aber immer mehr, je geringer die geforderte Arbeitsleistung wird. Eine gesunde Dreherin oder Weberin vermag körperlich dasselbe zu leisten wie ihr männlicher Kollege. Die durchschnittliche körperliche Belastung einer Hausfrau und erst recht einer Bäuerin ist sogar wesentlich höher als die Männerarbeit in vielen Berufen.

Fuchs: Welche größten Tragelasten darf man einer Frau zumuten?

Wissmann: Die Untersuchungen darüber haben keine scharfen Grenzen ergeben. Im allgemeinen soll man für Dauer-Tragen unter 20 Kilogramm bleiben. Wenn es sich nur um gelegentliche Transporte handelt, sind für kräftige Frauen auch Lasten von 30 Kilogramm nicht schädlich. Man kann das aber nur von Fall zu Fall entscheiden. Es scheint mir daher notwendig, daß im Betrieb jemand vorhanden ist, der sich speziell um die Frauenarbeit kümmert, sei es der Werksarzt, sei es die Werksfürsorgerin, die die Arbeitsplätze ganz genau kennen.

Jugendliche und Versehrte

Fuchs: In vielen Betrieben werden Jugendliche beschäftigt, deren geringere Leistungsfähigkeit gleichfalls besondere Rücksicht verlangt. Nach der Einführung der Schutzbestimmungen ist eine Überbeanspruchung im allgemeinen nicht mehr zu befürchten. Ein großes Problem liegt noch immer in der Berufswahl selbst, die ja oft ein Kompromiß ist von Neigung, Anlagen, Tradition, Konjunktur und was dabei sonst noch mitspielen mag. Welche Bedeutung messen Sie der Berufsberatung bei?

Wissmann: Die Beurteilung eines bestimmten Jugendlichen muß nach zwei Seiten hin erfolgen. Einmal will man natürlich wissen, was man ihm heute zumuten darf. Viel wichtiger ist aber die Frage, was er später, d. h. als Erwachsener leisten wird. Im Augenblick des Beginns der Berufsausbildung ist die körperliche Entwicklung ja noch keineswegs abgeschlossen, vielleicht sogar erheblich zurückgeblieben. Trotzdem muß entschieden werden, ob mit einer Berufsausbildung für einen unter Umständen schweren Beruf begonnen werden soll. Da ein Berufswechsel nach Abschluß der Lehre nur selten möglich ist, führt jede Fehlentscheidung zu einem mit seinem Beruf unzufriedenen Arbeiter. Leider besitzen wir noch keine Möglichkeit, die körperliche Entwicklung in den entscheidenden Jahren zwischen 14 und 18 vorauszusagen.

Fuchs: Es wäre aber doch von größter Bedeutung, wenn an dieser Frage weitergearbeitet und die inzwischen unentbehrlich gewordene Eignungsuntersuchung nach dieser Richtung hin vervollständigt werden würde. Es wird Ihnen bekannt sein, daß beim Arbeitseinsatz neben der Nachwuchsfrage auch das Problem zu lösen ist, möglichst viele Versehrte als vollwertige Glieder in die betriebliche Arbeitsgemeinschaft aufzunehmen.

Wissmann: Wenn es auch in vielen Fällen mit Hilfe von Arbeitsvorrichtungen und Kunstgliedern scheinbar gelingt, Versehrte an ihrem alten Arbeitsplatz zu beschäftigen, so darf man doch nicht übersehen, daß dabei die Anstrengung des Versehrten größer bleibt als die eines normalen Arbeiters. Der Versehrte erkauft die gleiche Leistung nur mit größerer Ermüdung und rascherer Abnutzung. Wenn es nicht möglich ist, ihm eine entsprechende größere Zeitvorgabe oder verkürzte Arbeitszeit zu gewähren, ist es meist besser, ihm eine leichtere Arbeit zuzuweisen. Auch hier ist natürlich eine gründliche Messung der Leistungsfähigkeit nach der physiologischen und psychologischen Seite der beste Weg, um zu einer klaren Beurteilung der Anforderungen zu kommen, die wir im Einzelfall stellen dürfen.

Fröhlich: Wenn ich das zuletzt Besprochene zusammenfassen darf, so sind Sie auf der einen Seite bemüht, die Anforderungen der verschiedenen Berufe zu erfassen, auf der anderen Seite wollen Sie die körperliche und geistige Leistungsfähigkeit normaler Arbeiter und die verringerte körperliche Leistungsfähigkeit von Frauen, Jugendlichen, Alten und Versehrten messen. Damit wird fraglos die Aufgabe erleichtert, jeden an den richtigen Platz zu stellen. Auch ist nicht zu übersehen, welche Bedeutung in diesem Zusammenhange Ihre Versuche zur Verbesserung der Arbeitsmethoden und der Geräte gewinnen, wenn sie durch Herabsetzung der Anforderungen es ermöglichen, einen immer größeren Kreis von Minderleistungsfähigen voll einzusetzen.

WAS IST LEISTUNGSBEREITSCHAFT

Nicht alle Probleme, die die menschliche Arbeit aufwirft, können mit exakten naturwissenschaftlichen Methoden gelöst werden. Der arbeitende Mensch ist nicht nur chemischen und physikalischen Gesetzen unterworfen. Er hat neben dem körperlichen Dasein noch eine seelische Existenz, deren Wirken in oft nicht zu trennender Weise sein Verhalten mitbestimmt. Es gilt also, mit Hilfe der Psychologie zu versuchen, auch die seelischen Reaktionen zu erkennen und zu berücksichtigen. Man ist dabei wegen der Schwierigkeit, objektive Messungen zu machen, auf Schätzungen und Vergleiche angewiesen und vermag daher auch nicht so sichere Antworten zu geben, wie auf dem Gebiete der reinen Physiologie.
Der folgende Gesprächsausschnitt zwischen einem Wissenschaftler, Dr. Wissmann, und einem Arbeitsstudien-Ingenieur, Herrn Zeitlinger, der sich in diesem Grenzgebiet natürlich ganz besonders sorgfältig bewegen muß, zeigt aber, daß auch hier die Wissenschaft ihren Rat nicht versagt.

*

Zeitlinger: Bei meiner Arbeit komme ich immer wieder auf ein heikles Thema, das mir oft Sorgen bereitet. Es ist die wechselnde Arbeitsverfassung des Arbeiters. Gibt es eine Möglichkeit, sie zu erkennen, oder besteht wenigstens Aussicht, in absehbarer Zeit zu einer solchen zu gelangen?

Wissmann: Diese Aussicht ist wohl sehr gering, denn hier herrschen allzu verwickelte Zusammenhänge. Bei der Beurteilung der Leistungsfähigkeit darf man nicht in den Fehler verfallen, täglich die gleichen Leistungen von einem Menschen zu erwarten. Schon rein körperlich ist der Mensch nicht jeden Tag in der gleichen Verfassung. Genau wie ein Sportler an manchen Tagen nicht „in Form" ist und trotz äußerster Willensanspannung seine besten Leistungen nicht erreicht, so ist auch der Arbeiter gelegentlich nicht „im Schuß" oder „nicht auf dem Damm", wie er es ausdrückt. Das kann daher kommen, daß er schlecht geschlafen hat, daß seine Verdauung etwas gestört ist, oder daß er unter Sommerhitze leidet. Der Arbeitswille braucht deshalb nicht herabgesetzt zu sein. Dennoch bleibt die Tagesleistung zurück.
Stärker noch hängt die Leistung von der seelischen Verfassung ab. Mangelndes Interesse, häusliche Sorgen und fehlende Anerkennung drücken die Arbeitslust. Ehrgeiz, Aussicht auf Beförderung oder besondere Belohnungen und gerechte Behandlung heben dagegen den Leistungswillen. Körperliche und seelische Einflüsse greifen so sehr ineinander, daß sie sich kaum getrennt betrachten lassen. So kann eine starke körperliche Ermüdung nicht nur die Arbeitsfähigkeit herabsetzen, sondern auch den seelischen Leistungswillen beeinträchtigen und sogar zu Depressionen führen. Immer sind es zahlreiche Faktoren — körperliche und seelische — die in ihrer Gesamtheit den Arbeitsschwung ausmachen. Statt Arbeitsschwung oder Arbeitsverfassung spricht die Wissenschaft etwas präziser von „Leistungsbereitschaft".

Beeinflussung der Leistungsbereitschaft und persönliche Freiheit

Zeitlinger: Es ist leider so, daß über die Bedeutung all dieser Einflußgrößen — im Guten wie im Schlechten — noch wenig Klarheit herrscht, obwohl ihre Auswirkung auf die Leistungshöhe unverkennbar ist. Es fragt sich überhaupt — jedenfalls habe ich mir diese Frage oft gestellt — ob wir berechtigt sind, neben der Messung der körperlichen Leistungsfähigkeit auch in die seelische Verfassung des Menschen einzudringen und so schwer zugängliche Dinge wie Arbeitsschwung oder Leistungsbereitschaft, wie Sie sie genannt haben, mit Apparaten zu erfassen und zu beeinflussen. Könnte das nicht als ein indiskreter Eingriff in die persönliche Freiheit empfunden werden?

Wissmann: Wenn unter bestimmten Voraussetzungen stets eine seelische Unlust zu erwarten ist, und man bemüht sich, diese Voraussetzungen nach Möglichkeit zu vermeiden, so würde dieser Eingriff in die persönliche Freiheit von dem Betroffenen wohl kaum abgelehnt werden. Man hilft ja dem Betroffenen, der oft nicht durchschaut, woher seine Unlust kommt oder persönlich nicht in der Lage ist, die Ursache zu beseitigen. So hat man erkannt, daß es Menschen gibt, die, ohne es zu wissen, sich nicht für Gruppenarbeit eignen, deren Arbeitslust aber erheblich zunimmt, wenn man sie an eine Einzelarbeit versetzt.

Zeitlinger: Für solche Maßnahmen wird natürlich jeder Verständnis haben und sie richtig finden. Ein System dagegen, bei dem — drastisch gesagt — jeder Arbeiter morgens auf seine Leistungsbereitschaft hin gemessen und durch eine entsprechende Dosis Pillen auf volle Touren gebracht wird, würde wohl allgemeine Ablehnung hervorrufen.

Wissmann: Ich bin auch kein Freund solcher Methoden und würde es immer dem Einzelnen überlassen, ob und wieviel Pillen er nimmt. Stoffliches und Seelisches sind im Menschen ja keineswegs so scharf getrennt, wie vielfach angenommen wird. So gibt es eine Reihe von Stoffen, die von besonderen Drüsen mehr oder weniger stark ins Blut abgesondert werden, um bestimmte seelische Wirkungen hervorzurufen. Z. B. wird unsere Leistungsbereitschaft weitgehend von einem Stoff bestimmt, den die Nebennieren ins Blut abgeben, dem Hormon Adrenalin. Dieses Adrenalin fehlt fast völlig im Schlafe, am Tage bestimmt seine Menge den Grad unseres Wachseins. Größere Mengen führen zu Bewegungsdrang, Unternehmungslust, Arbeitslust. Größte Mengen schließlich ergeben Zustände des Aufgeregtseins, der Wut, der Angriffslust. Wenn Sie einen Mitarbeiter bei seinem Ehrgeiz packen, drücken Sie gewissermaßen auf seine Adrenalindrüsen und bringen ihn erst auf diesem Umweg zu einer größeren Leistung. Sie sehen also, daß der scheinbare Eingriff in die persönliche Freiheit nur darin besteht, naturgegebene Zusammenhänge zu erforschen und zu beachten.

Zeitlinger: Ich bedauere nicht, dieses Thema angeschnitten zu haben. Das Gefühl der persönlichen Freiheit, mag sie eingebildet sein oder nicht, ist ja an sich eine wesentliche Voraussetzung der Arbeitsbereitschaft und muß schon aus diesem Grunde besonders pfleglich behandelt und respektiert werden. Selbst bei einem so primitiven Vorgang wie dem Kauf von Nahrungsmitteln wird jeder Kauf-Zwang als Zumutung empfunden und umgekehrt die Freiheit der Wahl besonders geschätzt.

Wissmann: Welche große Rolle der Leistungsbereitschaft als Produktionsfaktor beigemessen wird, sehen Sie auch daran, daß in manchen Ländern die

Hebung der Leistungsbereitschaft mit politisch-propagandistischen Mitteln versucht und im Kriege allgemein angewendet wird. Sogar mit der barbarischen Methode der Bedrohung wird versucht, die Leistung zu erhöhen. Ich bin der Meinung, daß auf die Dauer der freiwillig und mit Freude Arbeitende höhere Leistungen hergibt als derjenige, der durch Druck und Bedrohung zur Arbeit gezwungen wird, ganz abgesehen davon, daß ich jede Form von Zwangsarbeit als unsittlich verurteile.

Zeitlinger: Ich denke nicht anders. Freiwilligkeit gedeiht nur auf dem Boden der Freiheit und des Vertrauens. Beides wächst nicht von selbst und läßt sich durch Paragraphen nicht erzwingen. Ein namhafter Ingenieur sagte einmal: Die richtige Führung einer Belegschaft ist Sache des Herzens. Auch für sie trifft das biblische Wort zu, „wenn ich mit Menschen- und mit Engelzungen redete und hätte der Liebe nicht, so wäre ich ein tönend Erz oder eine klingende Schelle"!

Wissmann: Diese wohl aus langjähriger Erfahrung entsprungene Erkenntnis wird durch die Ergebnisse wissenschaftlicher Untersuchungen über die Bedeutung der inner-betrieblichen Zusammenarbeit durchaus bestätigt. Man ist dabei zu dem überraschenden Ergebnis gekommen, daß die bis dahin wenig beachteten menschlichen Beziehungen zwischen Mitarbeitern und Vorgesetzten sich als bedeutsamere Produktionsfaktoren erwiesen als äußere Arbeitsbedingungen und Lohn. Dazu gehören eine anständige Behandlung des Arbeiters, Achtung für seine Arbeit, Eingehen auf seine Wünsche und Vorschläge, Ernstnehmen seiner Beschwerden, Sorge für seine Person und seinen Arbeitsplatz. Diese menschlichen Kontakte (human relations) haben in letzter Zeit besonders in den Vereinigten Staaten eine große Bedeutung für die Betriebsführung gewonnen. Es gibt dort Firmen, die den Mut hatten, sich einer freimütigen Kritik durch ihre Belegschaftsmitglieder mittels anonym abzugebender Fragebogen zu unterziehen. Die Auswertung ergab wichtige Hinweise auf wunde und auch heiße Stellen.

Zeitlinger: Ich bin überzeugt, daß wir uns auch in Deutschland eingehender mit diesen inner-betrieblichen Beziehungen befassen müssen. Es scheint mir bemerkenswert, daß auch die Amerikaner gerade die Leistungsbereitschaft, dazu gehören doch wohl die „human relations", als besonders wichtigen Produktionsfaktor erkannt haben.

Wissmann: Die amerikanische Industrie hat sich dieses Studium sicher etwas kosten lassen. Das ist erklärlich, denn nach amerikanischer Auffassung vermögen technische Verbesserungen im Durchschnitt nur 20 Prozent zur Steigerung der Produktivität beizutragen, während 40 Prozent auf die Verbesserung der menschlichen Beziehungen und der Rest auf kaufmännische und organisatorische Maßnahmen zurückzuführen sind.

Macht sich Arbeitsphysiologie bezahlt?

Zeitlinger: Ist nach den amerikanischen Erfahrungen die Frage noch berechtigt, die in der Praxis immer wieder gestellt wird, ob die Ergebnisse der arbeitsphysiologischen Forschung nicht allein dem arbeitenden Menschen zugute kommen, sondern auch die wirtschaftlichen Ergebnisse eines Unternehmens verbessern? Da Ihre Versuche ja letzten Endes mit den Erträgen der Wirtschaft finanziert werden, werden Sie verstehen, daß diese Frage naheliegt.

Wissmann: Auf diese Frage habe ich schon gewartet. Die wirtschaftliche Auswirkung aller Maßnahmen, die der Hebung der Leistungsbereitschaft dienen, wird um so größer sein, je weniger sich der Betrieb bisher um den Menschen und seine Arbeit gekümmert hat. Um die eigenen Verhältnisse beurteilen zu können, wird es oft gut sein, die Arbeitsgestaltung in anderen Betrieben zu studieren. In vielen Fällen werden die Arbeitserleichterungen und -verbesserungen eine höhere Leistung ergeben und damit unmittelbar dem Betrieb zugute kommen.

Zeitlinger: In vielen Betrieben gibt es aber Arbeitsplätze, an denen offensichtlich ein Übermaß an Anstrengung oder an Unannehmlichkeiten bisher unvermeidlich war. Die Verbesserungen und Erleichterungen, die hier notwendig sind, entlasten wohl den Arbeiter, bringen aber nicht unbedingt eine höhere Leistung.

Wissmann: Wenn sich auch kein unmittelbarer bilanzmäßiger Gewinn ergibt, so wird doch durch Schonung der Arbeitskraft das Ausmaß der ärztlichen Betreuung vermindert, das Invaliditätsalter hinausgeschoben und die Unfallhäufigkeit herabgesetzt. Das kann auch für den Betrieb eine erhebliche Einsparung an sozialen Lasten bedeuten. Jede Besserung der schwersten und unangenehmsten Arbeiten vermindert Fehlzeiten und Arbeitsplatzwechsel, beseitigt Reibungen im Betrieb und vermeidet dadurch Leerlauf und Unkosten. Im übrigen ist es ein großer Irrtum, zu glauben, daß alle Maßnahmen, die arbeitsphysiologisch richtiges Arbeiten bezwecken, immer Geld kosten müssen.

Zeitlinger: Sie werden allerdings eines kosten, daß man sich die Zeit nimmt, sich mit diesen Fragen intensiv zu beschäftigen und immer wieder darüber nachzudenken, wie man die menschliche Arbeit möglichst leicht und wirkungsvoll machen kann.

Wissmann: Letzten Endes hängt der wirtschaftliche Ertrag ganz davon ab, mit wieviel Sinn und Verständnis die arbeitsphysiologische Denk- und Handlungsweise angewandt wird. Nur wer erkannt hat, daß er dem Menschen und nicht der Technik zuliebe rationalisieren muß, dient zugleich dem sozialen und wirtschaftlichen Fortschritt.

Zeitlinger: Das heißt also, es kommt darauf an, alle Vorgänge im Betrieb, bei denen der Mensch mitwirkt, zuerst von der Arbeit des Menschen her anzusehen.

Wissmann: Genau so war es gemeint. Sie wissen sicher besser als ich, daß der Geist eines Betriebes nicht von einer Vielzahl von Personen bestimmt wird, sondern von der jeweils stärksten Persönlichkeit. Und die Belegschaft pflegt sehr fein zu reagieren auf alle Äußerungen „von oben". Wenn sie dabei merkt, daß die Betriebsleitung für ihre schwere oder ermüdende oder eintönige Arbeit Verständnis hat und laufend Erleichterungen schafft, und wenn durch Gerechtigkeit und Sauberkeit Vertrauen zwischen Arbeitnehmer und Arbeitgeber hergestellt ist, dann läßt sich auch vom Arbeiter Verständnis für die wirtschaftlichen Notwendigkeiten des Betriebes erwarten. Es kommt zu einer reibungslosen Zusammenarbeit aller Teile, die immer den größten wirtschaftlichen Erfolg ergibt.

ZUSAMMENHÄNGE ZWISCHEN LEISTUNG, ERNÄHRUNG UND ARBEITSUMWELT

Länger als ein Jahrzehnt hat die deutsche Bevölkerung soviel von den Kalorien in den Nahrungsmitteln gehört, ohne daß sie sich in zufriedenstellender Weise ernähren konnte, daß Betrachtungen über Kalorien in jedem Zusammenhange sehr an Überzeugungskraft verloren hatten. Da wurde leider sehr oft das Kind mit dem Bade ausgeschüttet, wertvolle Erkenntnisse aus der Ernährungswissenschaft wurden leichtfertig über Bord geworfen, die gerade für den schwer arbeitenden Menschen von ganz grundlegender Bedeutung für die Erhaltung seiner Gesundheit sind.

Es ist ein erfreuliches Zeichen, daß die Zusammenhänge zwischen Ernährung und Leistungsfähigkeit — zuerst überschätzt und oft auch bewußt übertrieben, dann völlig außer Acht gelassen — nunmehr doch wieder eine sachliche Würdigung finden.

Auch die Zusammenhänge zwischen Hitzebelastung und Leistungsfähigkeit finden ein wachsendes Interesse, besonders im Bergbau und in der Eisenindustrie. Sie gewinnen darüber hinaus an Bedeutung für die industrielle Entwicklung in tropischen Ländern.

Als einige Wochen später Dr. Wißmann wieder zu einer Aussprache von Dr. Fröhlich gebeten wurde, war der Kreis der Zuhörer noch gewachsen. Alle Teilnehmer kamen mit der Überzeugung, daß sie durch dieses Gespräch der Fachleute viele wertvolle Hinweise erhalten würden. Es dauerte allerdings doch eine Zeit, bis Mißverständnisse ausgeräumt und Vorurteile überwunden waren.

*

Leistung und Kalorienbilanz

Fröhlich: Ist es eigentlich erwiesen, daß ein strenger Zusammenhang zwischen Leistung und Ernährung besteht?

Wissmann: Der Zusammenhang ist genau so streng wie der zwischen der Benzinmenge in Ihrem Tank und der Fahrtstrecke, die Sie damit zurücklegen können. Es war möglich zu zeigen, daß z. B. die Kohlenproduktion im Ruhrbergbau und die Stahlproduktion einiger großer Hüttenwerke in den Kriegsjahren genau dem Auf und Ab der Rationen folgten. In den Mangeljahren nach dem Kriege konnten wir in vielen Fällen auf Grund der Ernährung die Leistung vorhersagen. Das war kein Kunststück; denn wenn die für die Arbeit notwendige Energie nicht mit der Nahrung zugeführt wird, muß sie den Körperreserven, hauptsächlich dem Körperfett, entnommen werden, und diese sind eben verhältnismäßig gering. Ist die Ernährung für längere Zeit unzureichend, so wird neben Fett auch Muskelsubstanz abgebaut. Das führt zwangsläufig zu einem Leistungsrückgang, den der Betroffene nicht aufhalten kann.

Fröhlich: Was geschieht aber, wenn ein bestimmtes Arbeitspensum gefordert wird, wie etwa beim Lokomotivheizer, der seinen Zug pünktlich ans Ziel bringen muß?

Wissmann: Dann muß früher oder später dieser Mann gesundheitlich zusammenbrechen, wenn er keinen Weg findet, sich die notwendigen Nahrungsmittel zu beschaffen. In gleicher Richtung liegen die Erfahrungen, die wir an einer Kolonne von Erdarbeitern machten. Diese Leute wurden bei begrenzter Ernährung durch Zigarettenprämien zu einer wesentlichen Leistungssteigerung bewegt. Die Folge war jedoch ein stetiger Gewichtsverlust dieser Leute. Hier wurde offensichtlich die adäquate Leistung überschritten. Sie sehen, worauf es ankommt: Alle Anreizmittel sind nur solange unbedenklich, wie sie nicht zu einer Überschreitung der zuträglichen Leistungsgrenze führen.

Fröhlich: Regelmäßige Wägungen der Belegschaft sind demnach ein einfaches und notwendiges Mittel zur Kontrolle der Gesundheit und Leistungsfähigkeit?

Wissmann: Es wäre sehr zu begrüßen, wenn solche Kontrollen allgemein erfolgen würden, zumal bei freier Marktwirtschaft noch eine andere Gefahr für die Gesundheit des Arbeiters besteht, nämlich die, daß er einen zu großen Teil des Lohnes für Genußmittel ausgibt und sich und seine Familie deswegen nur ungenügend ernähren kann.

Fröhlich: Ist auch geistige Arbeit mit einem erhöhten Kalorienverbrauch verbunden?

Wissmann: Diese Frage wird immer wieder gestellt. Eine meßbare Erhöhung des Kalorienverbrauchs wird selbst durch intensive geistige Arbeit nicht hervorgerufen. Die bei geistiger Arbeit tätigen Nervenzellen haben zwar einen sehr hohen Stoffwechsel, ihre Masse ist aber so gering, daß ihr Arbeitsstoffwechsel sich im Gesamtstoffwechsel des Körpers nicht bemerkbar macht.

Fröhlich: Braucht der geistige Arbeiter eine besonders zusammengesetzte, z. B. eine eiweißreichere Nahrung?

Wissmann: Eine genaue Untersuchung dieser Frage steht noch aus. Aus praktischen Erfahrungen wissen wir jedoch, daß besonders Lernfähigkeit, Konzentrationsfähigkeit und Initiative bei Eiweißmangel nachlassen.

Fett- und Eiweißbedarf des Schwerarbeiters

Fröhlich: Und wie reagiert der angestrengt körperlich Arbeitende auf Eiweißunterernährung?

Wissmann: Betrachten wir uns dazu zunächst den durchschnittlichen Nahrungsbedarf der verschiedenen Gruppen von Arbeitern (Taf. 25). Schwere körperliche Arbeit führt zur Entwicklung einer kräftigen Muskulatur. Dazu gehört aber eine relativ eiweißreiche Ernährung, weil Eiweiß der Baustoff der Muskeln ist. Ein kräftiger Muskel braucht aber auch zu seiner Erhaltung mehr Eiweiß, weil er einem größeren Verschleiß unterworfen ist. Es ist ja bekannt, daß Schwerathleten und Ringer gewaltige Fleischportionen vertilgen.

Fröhlich: Es liegt zwar nahe, daß der Mensch seine Muskeln aus tierischem Muskelfleisch aufbaut. Bei dem hohen Preis des Fleisches fragt es sich jedoch, ob nicht billigere Eiweißquellen wie Fisch, Magermilch oder Hülsenfrüchte

MERKTAFEL 25

Durchschnittlicher Nahrungsbedarf in Gramm je Person und Tag

Nahrungsmittel	Jugendliche 11—14 Jahre	Jugendliche 15—20 Jahre	Normal-verbraucher	Mittel-schwer-arbeiter	Schwer-arbeiter	Schwerst-arbeiter
Mehl, einschl. Brotmehl	300	340	260	375	475	585
Nährmittel	40	60	45	50	60	90
Hülsenfrüchte	10	10	10	10	10	10
Zucker	65	70	60	65	65	65
Kartoffeln	500	650	500	650	750	900
Gemüse	150	150	150	150	150	150
Obst	80	80	80	80	80	80
Fett (Reinfett)	40	50	40	50	64	94
Fleisch	70	85	85	95	110	130
Vollmilch	300	250	175	175	175	200
Magermilch	100	100	100	100	100	100
Käse	10	10	10	10	20	30
Eier	10	10	10	10	12	15
Fisch	30	30	30	30	45	45
Gehalt der Tagesration an:						
Eiweiß	79,8	88,5	74,2	89,7	110,7	134,3
(davon tier. Eiweiß)	33,7	34,0	31,4	32,8	41,5	49,0
Fett	68,4	80,6	66,7	80,1	99,5	136,6
Kohlehydrate	422,2	488,9	385,5	498,6	592,4	715,4
Kalorien	2700	3100	2500	3150	3800	4750

dieselben Dienste tun. Auch das Brot enthält doch meines Wissens einige Prozente Eiweiß.

Wissmann: Gerade diese Fragen sind in der letzten Zeit besonders stark in den Vordergrund getreten. Um sie zu beantworten, muß jedoch erst einmal festgestellt werden, wodurch sich die Zusammensetzung der verschiedenen eiweißhaltigen Nahrungsstoffe unterscheidet. Es ist zwar seit langem bekannt, daß es etwa 30 verschiedene Eiweißbausteine, sogenannte Aminosäuren gibt, aber erst in den letzten Jahren ist es möglich geworden, die Verteilung dieser Bausteine in den verschiedenen eiweißhaltigen Nahrungsstoffen mengenmäßig zu bestimmen. Erst nach Abschluß dieser Vorarbeiten wird man die Frage nach der billigsten Eiweißquelle für den Schwerarbeiter eindeutig beantworten können. Die Erfahrung zeigt jedoch, daß Milch oder Fisch allein für eine ausreichende Eiweißernährung genügen, Hülsenfrüchte allein dagegen unzureichend sind.

Fröhlich: Wie kann man überhaupt praktisch feststellen, ob die eine oder andere Nahrungszusammensetzung die Leistungsfähigkeit verbessert oder verschlechtert?

Wissmann: Dazu gehört ein sehr erheblicher Aufwand an Zeit und Mitteln. Einmal muß man Versuchspersonen haben, die sich freiwillig monatelang strikte einer bestimmten, oft sehr einseitigen Ernährung unterwerfen. Dann braucht man natürlich eine Küche mit einer Diätköchin, die die schwierige Aufgabe zu lösen hat, mit genau zugeteilten Mengen eine schmackhafte Kost zuzubereiten. Weiter bedarf es eines recht umfangreichen chemischen Laboratoriums, das die aufgenommene Nahrung und die anfallenden Ausscheidungen quantitativ analysiert. Und schließlich muß fortlaufend von einem Physiologen die körperliche Verfassung und die Leistungsfähigkeit der Versuchsperson verfolgt werden.

Fuchs: Was braucht denn nun der Schwerarbeiter etwa täglich an tierischem Eiweiß?

Wissmann: Der Grundbedarf bei leichter Beschäftigung ist nach der schon 1934 aufgestellten Norm des Völkerbundes 1 g Eiweiß je Tag und je kg Körpergewicht, die Hälfte davon aus tierischer Herkunft. Für den Schwerarbeiter kann man etwa 50 % mehr rechnen, das sind für einen 70 kg schweren Mann rund 50 g Eiweiß tierischer Herkunft, die in etwa 1,5 Liter Milch oder auch in 300 g Fleisch oder in 7 Eiern enthalten sind.

Fröhlich: Ich habe früher einmal gelesen, daß Fett mehr als den doppelten Kaloriengehalt hat wie Kohlehydrate, z. B. Zucker oder Mehl. Eine fettreiche Nahrung hätte so den Vorzug, das Nahrungsvolumen einzuschränken. Man kann nun leicht errechnen, daß die Kalorie im billigsten Fett etwa viermal soviel kostet, wie im billigsten Kohlehydrat, etwa dem Roggenmehl oder der Kartoffel. Wenn außerdem Fett im eigenen Lande nicht in genügender Menge erzeugt werden kann, stehen zwei gewichtige Argumente gegen einen hohen Fettverzehr. Kann aber ein Schwerarbeiter auch bei geringer Fettration leistungsfähig bleiben?

Wissmann: Ein direkter Einfluß des Fettes auf die Leistungsfähigkeit wie beim Eiweiß besteht nicht. Aber Sie haben recht, wenn Sie eine fettreiche Kost wegen ihres geringen Volumens vorziehen, weil bei dem hohen Kalorienbedarf des Schwerarbeiters das Nahrungsvolumen ohne Fettzulage zu groß würde. Ersetzen doch 100 g Fett etwa 300 g Brot oder 1 kg Kartoffeln. Die Nahrungsmittel enthalten also die Kalorien mehr oder weniger konzentriert. Das zeigt die Tabelle der Gewichtsmengen verschiedener Lebensmittel, je 1000 Kalorien berechnet (Taf. 26), oder die Merktafel der Nährstoffgehalte (Taf. 27). Es kommt hinzu, daß schon ein relativ kleiner Fettgehalt der Nahrung die Verweildauer der Speisen im Magen erheblich verlängert und damit verhindert, daß schon vor der Essenszeit Hungergefühl auftritt und die Leistung beeinträchtigt. Wägt man alle diese Momente gegeneinander ab, so wird man es für wünschenswert halten, daß der Schwerarbeiter insgesamt 100 g Fett täglich bekommt. (Taf. 25.)

Die Rolle der Vitamine

Fuchs: Daß neben einer ausreichenden Kalorienversorgung der Körper auch Vitamine und Salze benötigt, um seine Gesundheit zu erhalten, ist hinreichend bekannt. Ist bei schwerer körperlicher Arbeit eine erhöhte Zufuhr dieser Stoffe erforderlich?

Wissmann: Gewiß. Da diese Stoffe zum Teil wichtige Funktionen im Arbeitsstoffwechsel ausüben, steigt ihr Verbrauch bei schwerer Arbeit. Andererseits wird im allgemeinen die erhöhte Nahrungsaufnahme des Schwerarbeitenden eine größere Zufuhr dieser Stoffe automatisch mit sich bringen. Nur bei sehr einseitiger Ernährung oder bei reichlichem Genuß künstlich verfeinerter Nahrungsmittel, wie Kunstspeisefetten, Zucker, poliertem Reis oder Produkten aus sehr weißem Mehl, die völlig vitaminlos sind, besteht doch die Gefahr eines Vitaminmangels. Dieser Mangel braucht keineswegs so groß zu sein, daß schwere Erkrankungen in Erscheinung treten. Häufig wird nur ein Nachlassen der Leistungsfähigkeit sich bemerkbar machen. Ähnliches gilt von bestimmten Salzen wie z. B. Kalk und Phosphor, die wir besonders mit Milch und Milchprodukten und auch im Gemüse in genügender Menge zu uns nehmen sollten.

Fröhlich: Das scheint mir ein wertvolles Argument für die Einnahme einer warmen Milch- oder Gemüsesuppe bei geteilter Arbeitszeit an Stelle der mitgebrachten Butterbrote zu sein. Ihre Warnung vor dem sehr weißen Mehl bringt mich auf die Frage, ob nicht der hohe Ausmahlungsgrad des Brotmehls, der während des Krieges angeordnet und noch lange beibehalten wurde, von erheblicher Bedeutung für die Vitaminversorgung war?

Wissmann: Zweifellos. Das können Sie schon daran ersehen, daß in Amerika die Mühlen ihrem sehr weißen Mehl die fehlenden Vitamine künstlich wieder zusetzen müssen. Es ist allerdings fehlerhaft, den Ausmahlungsgrad über 85 % hinaus zu treiben, d. h. besonders dunkles Mehl zu verbacken, weil sonst ein großer Teil unverdaut wieder ausgeschieden würde. Außerdem käme es zu einer starken Gasbildung im Darm, die zu einem Druck auf Herz und Lunge führen und dadurch die Blutversorgung der arbeitenden Muskeln beeinträchtigen würde.

Fuchs: Die Arbeitsunlust, die man bei vollem Magen empfindet, hat wohl die gleichen Ursachen?

MERKTAFEL 26

Kaloriengehalt von Nahrungsmitteln

Wenn man sich 1000 Kalorien in Form eines einzigen Nahrungsmittels zuführen wollte, so müßte man essen:

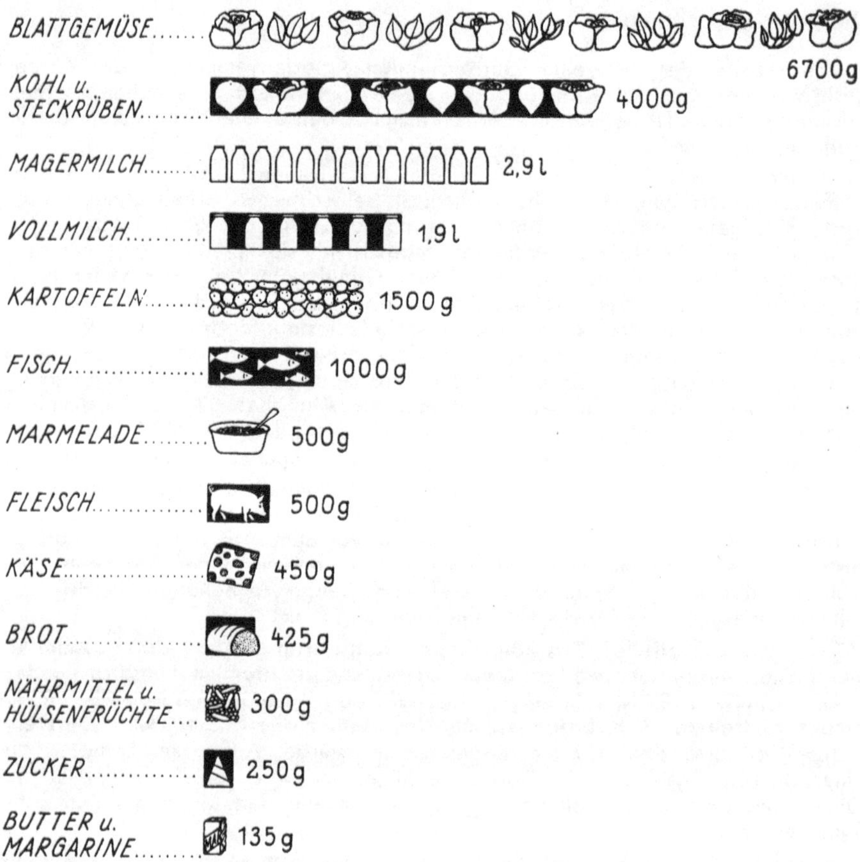

MERKTAFEL 27

Nährstoff- und Nährwertgehalt von Nahrungsmitteln

Die Grundstoffe der Ernährung sind Fett, Eiweiß und Kohlehydrate, die in den meisten Nahrungsmitteln nebeneinander enthalten sind. Bei der Verbrennung im Körper liefern

100 g Fett	930 Kalorien,
100 g Eiweiß	410 Kalorien und
100 g Kohlehydrate	410 Kalorien.

(1 Kalorie ist die Wärmemenge, die nötig ist, um 1 kg Wasser um 1 Grad Celsius zu erwärmen.)

Nahrungsmittel	Der genießbare Teil von 100 g Rohware enthält				Berücksichtigter Abfall %
	Eiweiß g	Fett g	Kohlehydrate g	Kalorien	
Schweinefleisch mit Knochen	11,3	20,6	0,2	238	29,8
Rindfleisch mit Knochen	17,4	8,3	0,3	150	12,5
Kalbfleisch mit Knochen	17,2	7,4	0,2	140	13,0
Schaffleisch mit Knochen	13,6	22,1	0,2	262	17,4
Hering	8,3	3,5	—	67	53,5
Vollmilch (Kuh) 3,1 % Fett i. M.	3,4	0,1	4,8	62	—
Magermilch 0,1 % Fett	3,7	0,1	4,8	36	—
Fettkäse 40% Fett	26,3	23,6	2,5	338	5,5
Magermilchquark	17,6	0,1	4,1	90	—
1 Hühnerei (57 g)	7,0	6,1	0,3	87	12,7
Roggenbrot 1150	6,4	1,0	52,5	250	—
Weizenbrot 1050	8,5	1,2	47,8	242	—
Haferflocken	14,4	6,8	66,5	395	—
Weizengrieß Type 450	9,4	1,0	74,6	354	—
Nudeln	9,6	1,0	75,9	360	—
Reis (poliert)	7,9	0,5	77,8	356	—
Kartoffeln, gekocht, geschält	1,8	0,2	18,6	86	11,0
getrocknete weiße Bohnen	23,7	2,0	56,1	346	—
Mohrrüben	0,9	0,2	6,7	33	26,0
Weißkohl	1,2	0,2	3,2	20	23,0

Zahl der Mahlzeiten

Wissmann: Teilweise ja! Es kommt hinzu, daß nach einer starken Mahlzeit eine stärkere Durchblutung der Verdauungsorgane — Magen, Darm, Leber, Bauchspeicheldrüse — erfolgt. Da der Körper mit seiner relativ geringen Blutmenge von etwa fünf Litern nicht gleichzeitig den Blutbedarf aller Organe bei gesteigerter Funktion decken kann, entzieht die vermehrte Durchblutung der Verdauungsorgane den Muskeln und auch dem Gehirn das nötige Blut. Das führt zu Leistungsunlust und Leistungsunfähigkeit.
Daraus folgt, daß die Tagesnahrung zweckmäßig auf 4—5 nicht zu umfangreiche Mahlzeiten verteilt wird. Die Hauptmahlzeit soll nach der Arbeit eingenommen werden. Die in die Arbeitszeit fallenden Frühstückspausen sollten wenigstens 15 und die Mittagspause 45 Minuten dauern.

Fuchs: Ich finde es sehr interessant, zu hören, worin die Bedeutung einer richtigen und ausreichenden Ernährung für die Arbeitsfähigkeit liegt. Ihre Ausführungen bestätigen, daß man die große Rolle, die die Essensfrage im Leben des Schwerarbeiters spielt, nicht übersehen darf. Ein ordentliches Stück Speck gibt ihm das Gefühl, auch etwas Ordentliches leisten zu können. Und das stimmt ja auch. Wie erklären Sie sich die Erfahrung vieler Schwerarbeiter, daß sie in der Nachtschichtwoche mehr essen müßten als bei Tagschicht, obwohl im allgemeinen in der Nachtschicht weniger getan wird?

Wissmann: Rundfragen haben ergeben, daß in der Nachtschichtwoche nur ein ganz kleiner Prozentsatz der Arbeiter genügend lang schläft. Dadurch erhöht sich natürlich der Nahrungsbedarf.

Erhöhen Genußmittel die Leistungsbereitschaft?

Fuchs: Stimmt denn auch die unter Arbeitern vielverbreitete Meinung, daß eine Zigarette oder ein Schnaps zu höheren Leistungen führen?

Wissmann: Zweifellos nicht, wie Sie schon daraus ersehen, daß im Training und vor sportlichen Wettkämpfen Alkohol und Tabak verpönt sind. Auch im Betrieb wird man mit Alkohol keine höheren Leistungen erzielen. Das Rauchen dagegen kann, wo es angängig ist, die Leistungsbereitschaft erhöhen.

Fröhlich: Für den geistigen Arbeiter ist aber wohl Kaffee ein notwendiges Anregungsmittel; persönlich muß ich sagen, daß ich zur Überwindung der geistigen Trägheit nach dem Essen auf eine Tasse Kaffee — oder lieber noch starken Tee — schwer verzichten kann. Halten Sie diese Gewohnheit für schädlich?

Wissmann: Sich durch Kaffee oder Tee in mäßigen Mengen anregen zu lassen, ist sicher unschädlich. Wenn Sie sich allerdings durch starken Kaffee häufiger um Ihre Nachtruhe bringen, so kann dies nicht ohne Folgen für Ihre Gesundheit bleiben. Starker Kaffee macht zudem leicht zittrig und kribbelig. Ein Uhrmacher oder Chirurg z. B. verliert die für seine Tätigkeit unentbehrliche ruhige Hand.

Jung: Was ist an der weitverbreiteten Meinung, daß man die Folgen des Alkoholgenusses durch Kaffee wieder aufheben kann?

Wissmann: Kaffee wirkt durch das in ihm enthaltene Coffein erregend auf das Nervensystem, den Blutkreislauf und die Muskeltätigkeit. Bei Alkohol beobachten wir nach kleinen Gaben oder im Anfangsstadium vorübergehend die geschätzten anregenden Wirkungen, auf die Dauer überwiegt aber doch die Lähmung der nervösen Vorgänge. Insofern wirken die beiden Stoffe gegensätzlich.

Fuchs: Heben sich die Wirkungen so auf, daß man die Alkoholwirkung auf die Arbeitsfähigkeit durch Kaffee beseitigen kann?

Wissmann: Nein. Wenn auch reichlicher Genuß von starkem Kaffee nach Alkohol unseren Kopf wieder klar macht und dadurch ernüchternd wirkt, so sind wir doch noch nicht wieder völlig Herr über unsere Bewegungen. Aus diesem Grunde darf man namentlich im Straßenverkehr und besonders als Kraftwagenführer sich nicht darauf verlassen, daß Alkoholgenuß durch Trinken von Kaffee unwirksam wird. Der Alkoholgehalt des Blutes, der bei einem Verkehrsunfall die Grundlage für die gerichtliche Beurteilung bildet, wird natürlich durch Kaffeegenuß nicht herabgesetzt.

Fröhlich: Es ist eigentlich erstaunlich, auf wie vielen Wegen sich die menschliche Leistung beeinflussen läßt: durch Kaffee, Schnaps, Zigaretten, Vitamine, Eiweiß, Kalorien, Störungen der Nachtruhe, Arbeitstempo und Pausengestaltung, Arbeitsgerät und Arbeitsweise. Und dies ist sicherlich noch nicht alles.

Wissmann: Ja, es fehlt sogar eine wichtige Gruppe: Es sind die Umwelteinflüsse am Arbeitsplatz, die die Arbeit erschweren, vor allem Temperatur, Strahlung und Feuchtigkeit, dann Staub und Schmutz, Blendung oder unzureichende Beleuchtung, Farbgebung, Lärm und Erschütterung. Da wäre sicher mancherlei zu verbessern.

Arbeit unter Hitzebelastung

Fröhlich: Haben Sie ganz bestimmte Arbeitsplätze im Auge?

Wissmann: Ich denke besonders an Arbeitsplätze mit starker Hitze-Einwirkung, die Plätze der Ofenmänner, Walzer und Konverterleute, der Glasbläser, Porzellan- und Ziegelbrenner.

Fröhlich: Allerdings, diese Leute haben erheblich unter der Hitze zu leiden. Sie schwitzen besonders im Sommer ungeheuer. Wenn Sie hier eine Hilfe wüßten, wäre das sehr verdienstvoll.

Wissmann: Um Hilfe zu schaffen, muß man sich erst einmal klar darüber werden, warum diese Leute so gewaltig schwitzen. Sie werden nicht nur von innen, sondern auch von außen aufgeheizt. Daß sie durch ihre schwere Arbeit mehr Wärme im Körper bilden als bei Ruhe, ist nicht zu ändern. Daß sie darüber hinaus durch die Hitze am Arbeitsplatz Wärme aufnehmen, könnte dagegen bis zu einem gewissen Grade vermieden werden.

Fuchs: Ach so, Sie denken an Ventilatoren und Luftschleier, aber ich fürchte, daß Sie damit nicht viel Erfolg haben werden. So angenehm auch ein kühler Luftzug empfunden wird, bringt er doch die Gefahr von Rheumatismus und Erkältungen mit sich und wird daher meist von den Arbeitern abgelehnt.

Wissmann: Daran habe ich weniger gedacht, als an einen wirksamen Strahlenschutz. Die Ventilatoren entlasten eigentlich den Arbeiter nicht. Sie helfen ihm wohl Schweiß zu verdunsten, nehmen ihm dagegen nicht das Schwitzen selbst ab, das eine erhebliche Herzarbeit kostet. Da das Schwitzen die Folge übermäßiger Wärme, diese aber in den meisten Fällen die Folge starker Wärmestrahlung ist, ist eine wirkungsvolle Entlastung des Hitzearbeiters nur durch Strahlungsschutz denkbar. Es ist erstaunlich, immer wieder zu sehen, wie wenig in dieser Richtung geschieht. (Taf. 28.) Auch die Kranführer in Warmbetrieben sind meist schutzlos der Hitze ausgesetzt.

MERKTAFEL 28

Strahlungsschutz

Eine wirksame Abschirmung gegen Wärmestrahlung wird durch blanke Bleche erzielt. Sie sind sehr viel wirksamer als gestrichene oder schwarze Bleche oder sonstige „Schutzwände", da sie die Strahlung auf den Strahler zurückwerfen und auf der anderen Seite nur 5% der Strahlung aussenden wie ein gleichwarmer schwarzer Körper.

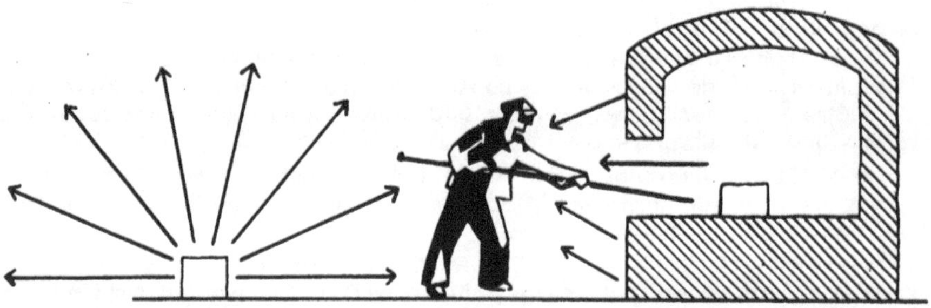

Fröhlich: Ich glaube, der gute Wille, hier Abhilfe zu schaffen, ist schon da. Nur fehlen vielfach klare Vorstellungen, wie das anzupacken ist. Es wird meist nicht daran gedacht, daß die Erwärmung durch Strahlung physikalisch ein ganz anderer Vorgang ist als die Wärmeübertragung durch die umgebende Luft. Obwohl sich die Wärmestrahlen genau so verhalten wie die Lichtstrahlen, vermute ich, daß der eine oder andere durch Ventilatoren und Luftschleier die Strahlung wegblasen möchte.

Wissmann: Das ist doch nicht Ihr Ernst? Im Grunde liegen die Dinge sehr einfach. Entweder verkleidet man die Strahlungsquelle, etwa einen Schmiedeofen mit beiderseitig blankem Blech, das den größten Teil der Ofenstrahlung auf diesen zurückwirft und von dem aufgenommenen Rest nur etwa 6% der Strahlung eines schwarzen Bleches aussendet; selbst bei oxydiertem Blech sind es erst 20%. Oder man gibt dem Arbeiter eine Kleidung, die den größten Teil der einfallenden Strahlung zurückwirft. Der vielfach angewandte Anstrich der Öfen mit Aluminiumbronze schafft nur eine unzureichende Besserung, die zudem meist nicht lange anhält, da der Anstrich verbrennt.

Fröhlich: Es wäre sehr schön, wenn auf diese Weise die Hitzebelastung herabgesetzt werden könnte. Bis das jedoch verwirklicht ist, wird noch mancher Tropfen Schweiß vergossen werden.

Durst- und Getränkefrage

Wissmann: Macht man sich in der Praxis überhaupt eine Vorstellung über den täglichen Schweißverlust eines Hitzearbeiters?

Fuchs: Na, so zwei bis drei Liter je Schicht mögen im Durchschnitt schon herauskommen.

Wissmann: Erheblich mehr, sechs bis acht Liter Schweißverlust sind in Hitzebetrieben keine Seltenheit. Zwei bis drei Liter würden genügen, wenn der ganze Schweiß verdampfen und damit dem Körper 1200—1800 Kalorien entziehen würde. Der größte Teil bleibt aber in der Kleidung stecken oder tropft ungenutzt ab. Natürlich erzeugt ein so großer Schweißverlust gewaltigen Durst, der irgendwie gestillt werden muß.

Fuchs: Damit kommen wir zu einem bei allen Hitzearbeitern beliebten Thema, und es interessiert mich, was die hohe Wissenschaft dazu sagt.

Wissmann: Das läßt sich in drei Regeln zusammenfassen:

1. Der Durst tritt immer dann auf, wenn der Salzgehalt im Blut über den Normalwert steigt: enthielte der Schweiß nicht auch Salz, so müßte das Trinken ersetzen, was man durch Schwitzen verliert. Da der Schweiß jedoch dem Körper nicht nur Wasser, sondern auch Salz entzieht, braucht das zu diesem Salz gehörige Wasser erst ersetzt zu werden, wenn der Salzvorrat des Körpers wieder aufgefüllt wird. Während der Arbeit soll daher die Getränkemenge geringer sein als die Schweißmenge.

2. Man soll nicht erst nach der Schicht, sondern in kleinen Schlucken während der Arbeit trinken; sonst kommt es zu einem Leistungsabfall und unter Umständen zu einem Hitzekoller, der sich in Neigung zu Händeln und Streit äußert.

3. Man soll sich hüten, allzu kalt zu trinken, weil der Magen das auf die Dauer

übel nimmt; daher die vielen Magenleiden gerade unter den Hitzearbeitern. Auch verbietet sich deswegen Selterswasser, das nur kalt genossen schmeckt. Am meisten empfiehlt sich ein warmer Tee, der je nach Geschmack aus heimischem oder schwarzem Tee gemischt werden kann und am besten in einer zentralen Küche zubereitet wird. Durch Zusatz von einigen Prozent Traubenzucker und etwas Vitamin B_1 wird die Leistungsfähigkeit auch bei außergewöhnlicher Hitze besser erhalten. Auch über diese, für die Gesundheit so wichtigen Zusammenhänge haben wir ein einfaches Merkblatt abgefaßt. (Taf. 29.)

MERKTAFEL 29

Hitze und Durst

Die Schweißabgabe bei schwerer Hitzearbeit kann 5 bis 10 Liter je Tag betragen. Schweiß entzieht dem Körper Salz. Getränke dagegen enthalten kein Salz. Folglich muß die richtige Getränkemenge kleiner sein als die Schweißabgabe, damit der Salzgehalt des Körpers unverändert bleibt.

Zu-wenig-Trinken führt zu	Zu-viel-Trinken führt zu
Erhöhung des Salzgehaltes im Körper	Senkung des Salzgehaltes im Körper
Durst	Aufgeregtheit
Minderung der Leistungsfähigkeit	Hitzegefühl
	Herzschädigung

Vermeide kalte Getränke!

Trinke am besten gesüßten Tee!

Trinke während der Schicht häufig kleine Mengen!

Wettlauf zwischen Arbeitsschäden und Arbeitsschutz

Fröhlich: Das sind sehr klare und beachtenswerte Richtlinien, für die Ihnen jeder Praktiker dankbar sein muß. Trotzdem finde ich es beängstigend, daß sich nur mit Hilfe unseres physikalischen und physiologischen Wissens bei der im Grunde einfachen Tätigkeit eines Hitzearbeiters Schäden vermeiden und gute Leistungen erzielen lassen. Der Eskimo und der Bantuneger dagegen führen auch ohne alles wissenschaftliche Rüstzeug unter den extremsten klimatischen Verhältnissen erfolgreich ihren gewiß nicht leichten Kampf ums tägliche Brot. Besteht denn eine bessere Anpassungsfähigkeit des Menschen an die klimatischen Umwelteinflüsse in der Natur als in der künstlichen Umgebung in unseren Fabriken?

Wissmann: Der Unterschied liegt wahrscheinlich nur darin, daß die Eskimos und Bantuneger viele Jahrhunderte Zeit hatten, Erfahrungen zu sammeln und eine Technik der Anpassung zu entwickeln, die ihre Existenz ermöglicht. Sie werden zugeben, daß das Resultat trotzdem kein sehr befriedigendes ist. Die Anpassung an die Hitze in den Tropen ist nur durch eine ungewöhnlich kurze Arbeitszeit erkauft. Der Eskimo ist durch seinen Kampf gegen die Kälte weitgehend in Anspruch genommen. An beiden Stellen ist die kulturelle Entwicklung zurückgeblieben. In unseren Fabriken sieht sich der Neuling von einem Tag zum andern ungewohnten klimatischen Bedingungen ausgesetzt und angehalten, trotzdem hochwertige Leistungen zu erfüllen. Um dieses Problem rasch zu lösen, müssen wir die ganze Summe unseres Wissens einsetzen, d. h. die Frage wissenschaftlich bearbeiten. Daß uns im Gegensatz zu den Vorfahren der Eskimos und Bantuneger dieser Weg offen steht, finde ich nicht beängstigend, sondern im höchsten Grade beruhigend.

Fröhlich: Beängstigend bleibt aber, daß im Wettlauf zwischen den Gefahren, die die Technik schafft, und den Abwehrmitteln, die dagegen gefunden werden müssen, die Gefahren zeitweise einen Vorsprung haben. Das gilt wohl besonders für die Bedingungen, die in der Natur nicht vorkommen: denken Sie an die Arbeiten in einer Taucherglocke, an die Arbeit mit dem Preßlufthammer, an die Tätigkeit im Gefahrenbereich einer Atomkraftfabrik. Ich will der Technik keinen Vorwurf machen, daß sie uns so weit von den natürlichen Lebensbedingungen entfernt hat, daß wir uns nun wieder technischer Mittel bedienen müssen, um unter den künstlichen Umwelteinflüssen arbeiten und existieren zu können. Ich halte es jedoch für unverantwortlich, daß Menschen dazu verurteilt werden, ihre Gesundheit zu opfern, weil die Bekämpfung der Gefahrenquellen der technischen Entwicklung nachhinkt.

Wissmann: Das unterstreicht nur die Notwendigkeit, in die technische Entwicklung die Mitarbeit des Arbeitsphysiologen und Gewerbehygienikers noch stärker einzubauen. Natürlich lassen sich manche Schäden nicht vorher berechnen. Die verheerende Wirkung des Silikat-Staubes auf die Lungen konnte z. B. nur durch die Erfahrung erkannt werden. Ihre Bekämpfung ist aber jahrzehntelang nicht mit dem nötigen Nachdruck betrieben worden. In dieser Beziehung hat sich neuerdings, glaube ich, vieles gebessert. In den von Ihnen erwähnten Atomkraftfabriken werden die Arbeiter von vornherein mit Anzeigegeräten ausgestattet, die bei Überschreitung der ungefährlichen Bestrahlungsdosis Alarm geben.

Fröhlich: Im übrigen braucht es sich nicht immer um Gefahren zu handeln. Auch mit den beinahe alltäglich gewordenen Belästigungen durch Lärm, Erschütterung, Schmutz und Staub, Nässe, Blendung, Gase und Dämpfe kann man sich heute nicht mehr ohne Kritik abfinden. Eine körperliche Schädigung mag häufig nicht nachweisbar sein; dennoch entsteht ein nicht zu unterschätzender Schaden dadurch, daß dem Arbeiter sein Arbeitsplatz verleidet wird.

Wissmann: Sicherlich, und gerade diese Zerstörung der Arbeitslust ist eine wesentliche Ursache für eine ungenügende Leistungsbereitschaft. Manchmal wundert es mich, wie wenig noch in der betrieblichen Praxis bei aller Bereitschaft zum sozialen Fortschritt der Gedanke eingedrungen ist, den Arbeiter von unerfreulichen Störungen und Beeinflussungen zu befreien.

Fröhlich: Das ist leicht gesagt. Aber vergessen Sie nicht, daß eine vollständige Beseitigung z. B. von Lärm oder Erschütterung ganz enorme Kosten verursachen würde. Sie müßten uns erst einmal die Frage beantworten, welcher Grenzwert von Lärm, Erschütterung oder anderen Störungen nicht überschritten werden darf, ohne daß die Arbeitslust sinkt.

Wissmann: Das vielfach noch fehlende Interesse der Industrie hat dazu geführt, daß die Abhängigkeit der menschlichen Arbeit von den Umwelteinflüssen noch lange nicht befriedigend aufgeklärt wurde. Dabei wäre es wahrscheinlich für die Wirtschaft ökonomischer, diese Grenzwerte erforschen zu lassen und entsprechende Einrichtungen zu treffen, statt Hunderttausenden von Arbeitern Schmutz-, Staub- und andere „Prämien" zu zahlen und damit in zahllosen Betrieben eine Atmosphäre von Arbeitsunlust sorgsam zu erhalten.

Fröhlich: Es ist sicher fruchtbar, die Dinge einmal in diesem Zusammenhang zu betrachten. Ich könnte mir denken, daß die Rechnung in vielen Fällen aufgeht. Sicher kann man noch weiter gehen und, anstatt nur störende Einflüsse zu beheben, auf die Arbeitslust unmittelbar fördernd einwirken.

Wissmann: Es gibt Versuche, die Liebe zur Arbeit mit unpersönlichen Mitteln wie Radiomusik, bestimmten Farbanstrichen und anderem mehr zu erreichen. (Taf. 30.)

Der Fortschritt kommt nicht von selbst

Ich glaube allerdings, daß diese Mittel wenig bedeuten neben der persönlichen Behandlung des Arbeiters und Angestellten durch seine Vorgesetzten. Häufig ist ein Vorgesetzter ohne Kenntnis und Gefühl für diese Dinge leicht geneigt, mangelnde Leistungsbereitschaft als bösen Willen oder Faulheit anzusehen und mit verkehrten Methoden zu behandeln. Dadurch entsteht dann Verärgerung und Widerstand, der das Arbeitsergebnis weiter verschlechtert.

Fröhlich: Umgekehrt gibt es aber auch Beispiele dafür, daß es Betriebsführern oder sonstigen Vorgesetzten in besonderem Maße gegeben ist, diesen im Einzelnen unwägbaren Wirkungen Rechnung zu tragen und dadurch die Arbeitsfreude gewaltig zu erhöhen. Der Fremde, der einen Betrieb oder ein Büro betritt, merkt meist sofort, welcher Geist dort weht, ob eine gehobene oder gedämpfte Leistungsbereitschaft herrscht.

Wissmann: Nehmen wir an, der Leiter eines großen Betriebes habe diese Fähigkeiten nicht, oder nicht die Möglichkeit, alle von ihm für richtig angesehenen Wege selbst zu gehen. Wie soll er sich dann verhalten?

MERKTAFEL 30

Anstrichfarben im Betrieb

Fußboden: Weiße Markierungslinien als Abgrenzung der Wege von Lagerflächen und Arbeitsplätzen.

Dunkle Ecken und Stufen weiß streichen.

Maschinen: Allgemein helle Farben verwenden statt lichtraubender schwarzer oder dunkelgrauer Farben.

Bewegliche Teile anders tönen als feststehende, dabei zu helle Töne und zu scharfe Kontraste vermeiden.

Seitenwände: Bis 2,5 m Höhe Farbanstrich dem des Maschinenrumpfes angleichen. Darüber dieselbe Farbe in hellerer Tönung oder sanftem Kontrast,

z. B. gelbbraun unten, elfenbein oben,

pfirsichfarben (zartrosa) unten, silbergrau oben,

grün unten, lichtgrün oben.

„Warme" Atmosphäre gibt

beige unten, pfisichfarben oben.

Räume mit erhöhter Temperatur wirken kälter, wenn sie blau, türkis oder grün gehalten werden.

Decken: Weiß oder elfenbein.

In Räumen mit besonders viel Licht kann mit Hellblau oder Hellgrün „Freiluftwirkung" erzielt werden.

Fröhlich: Es genügt natürlich nicht, daß er auf einschlägige Schriften hinweist und gelegentlich einen Vortrag besuchen läßt. Die Durchdringung eines ganzen Betriebes muß er schon einem eigens dazu beauftragten Manne überlassen, der logisch zu denken vermag und menschliches Format hat, der zuhören kann und nicht schon alles vorher weiß, der von dem Vertrauen der Werksleitung getragen und des Zutrauens der Belegschaft sicher ist. Dieser Mann muß alle gleichgerichteten Kräfte zusammenfassen, seien es die aufgeschlossenen Ingenieure, der Werksarzt, die Zeitstudienmänner oder die Sachbearbeiter im Betriebsrat. Dieser Auftrag darf für ihn keine Nebenbeschäftigung sein, da ganze Arbeit den ganzen Mann fordert. Oder wissen Sie einen besseren Weg?

Wissmann: Ich glaube nicht, daß ein anderer Weg größere Erfolgsaussichten hat. Ohne Frage sind Betriebe vorhanden, in denen wirtschaftliches Denken auch im Hinblick auf die menschliche Arbeitsweise längst und ohne unser Zutun zu Hause ist. Aber ein Sinn für rationelles Arbeiten ist der Mehrzahl der Menschen doch nicht angeboren. Es muß Aufgabe der von Ihnen geforderten Persönlichkeiten sein, diesen Sinn zu wecken und zu pflegen. Natürlich werden sich Schwierigkeiten einstellen, denn fast jeder Mensch hängt am Altgewohnten und betrachtet alles Neue mit mißtrauischen Augen. Es bleibt dann keine andere Wahl, als die Menschen zu ihrem Glück zu überreden.

Fröhlich: Wir sind Ihnen aufrichtig dankbar für die Gelegenheit zu dieser Aussprache. Sie hat mir einen starken Eindruck von den unmittelbar praktisch verwendbaren Erkenntnissen ihrer Wissenschaft vermittelt. Es ist im Grunde beschämend, wie vieles zur Hebung des körperlichen und seelischen Wohles der Arbeiter aus Unkenntnis unterlassen wird, und es ist unverständlich, wieviel wirtschaftlicher Nutzen auf diese Weise verloren geht. Ich verkenne nicht, daß die größere Verbreitung des arbeitsphysiologischen Gedankengutes nicht von heute auf morgen zu erreichen ist. Es müßte mehr und mehr zur Regel werden, daß alle grundsätzlichen Fragen der menschlichen Arbeit einer arbeitsphysiologischen Beurteilung und Untersuchung unterzogen werden. Nicht zuletzt müßten die verantwortlichen Männer der Wirtschaft und Regierung eine klare Vorstellung von der Bedeutung Ihrer Arbeit bekommen und sich Gedanken darüber machen, wie sie diese erhalten und fördern können, um mitzuhelfen, die Berufsarbeit dem Menschen immer besser anzupassen.

SCHRIFTTUM

Dem Leser, der tiefer in die Probleme der menschlichen Arbeit und in die Methoden ihrer wissenschaftlichen Untersuchung eindringen oder sich genauer über Einzelfragen unterrichten will, wird die folgende Auswahl von Sammelwerken und Einzeldarstellungen willkommen sein.

ZUSAMMENFASSENDE DARSTELLUNGEN

Atzler, E.: Körper und Arbeit. Georg Thieme-Verlag, Leipzig (1927)
Lehmann, G.: Der Mensch und seine Arbeit. Societäts-Verlag, Frankfurt/Main (1942)
Bramesfeld, E., und O. Graf: Praktisch-psychologischer und arbeitsphysiologischer Leitfaden für das Arbeitsstudium. Carl Hanser-Verlag, München (1949)
Das REFA-Buch, Band 1—4. Carl Hanser-Verlag, München (1950)
Moede, W.: Arbeitstechnik. Ferd. Enke-Verlag, Stuttgart (1935)
Pentzlin, K.: Rationelle Produktion. Karl Basch-Verlag, Kassel (1950)
Böhrs, H.: Arbeit leicht gemacht. Carl Hanser-Verlag, München (1950)
Hische, W.: Arbeitspsychologie. Verlag Weidemanns Buchhandlung, Hannover (1950)
Carrard, A.: Praktische Einführung in Probleme der Arbeitspsychologie. Rascher-Verlag, Zürich (1949)
Chapanis, A., W. R. Garner a. C. T. Morgan: Applied Experimental Psychology. John Wiley a. Sons, Inc. New York (1949)
Harrel, T. W.: Industrial Psychology. Rinehart a. Comp. Inc. New York (1949)
Bartley, S. Howard and Chute, Eloise: Fatigue and Impairment in Man. New York—London (1947), McGraw-Hill Book Co.
Böhrs, H., E. Bramesfeld und H. Euler: Einführung in das Arbeits- und Zeitstudium. Carl Hanser-Verlag, München (1948)
Barnes, R. M.: Motion and Time Study. John Wiley a. Sons, Inc. New York (1949)
Euler, H., und H. Stevens: Die analytische Arbeitsbewertung als Hilfsmittel zur Bestimmung der Arbeitsschwierigkeit. Verlag Stahleisen MBH., Düsseldorf (1950)
Hagner, G. W., und H. Weng: Arbeitsschwierigkeit und Lohn. Bund-Verlag, Köln (1951)
Derlitzki: Berichte über die Landarbeit. Franck'sche Verlagshandlung, Stuttgart (1927)
Lundgren, N. P. V.: The physiological effects of time schedule work on lumber Workers. Acta physiologica Scandinavica Vol. 13 Suppl. 41 (1946)
Meister, A.: Die deutsche Industriearbeiterin. Gustav Fischer-Verlag, Jena (1939)
Moers, M.: Frauenerwerbsarbeit und ihre Wirkungen auf die Frau. Recklinghausen (1948)
Püster, H.: Der Schwerbeschädigte in der Gesetzgebung und am Arbeitsplatz. Verlag Manz u. Lange, Göttingen (1950)
Abderhalden, E.: Die Grundlagen unserer Ernährung und unseres Stoffwechsels. Julius Springer-Verlag, Berlin (1939)
Winslow, C. E. A. and L. P. Herrington: Temperature and human life. Princeton University Press, New Jersey (1949)

Bedford, Thomas: Basic principles of ventilation and heating. H. K. Lewis a. Co., London (1948)
Zeller, W.: Technische Lärmabwehr. Alfred Kröner-Verlag, Stuttgart (1950)

EINZELARBEITEN

I. Allgemeines

Lehmann, G.: Das Max-Planck-Institut für Arbeitsphysiologie. VDI-Nachrichten Jrg. 5 (1951) Nr. 2
Atzler, E.: Arbeitsphysiologie. Ergebnisse der Physiologie, biologischen Chemie und experimentellen Pharmakologie 40 (1938) S. 325/436 und 41 (1939) S. 164/291
Lehmann, G.: Beiträge zur Physiologie der menschlichen Arbeit im Bergbau. Bergbau-Rundschau 2 (1950) S. 163/67 u. S. 251/53
Lehmann, G., E. A. Müller und H. Spitzer: Der Kalorienbedarf bei gewerblicher Arbeit. Arb.physiol. 14 (1950) S. 166/235
Karrasch, K., u. E. A. Müller: Das Verhalten der Pulsfrequenz in der Erholungsperiode nach körperlicher Arbeit. Arb.physiol. 14 (1951) S. 369/82
Müller, E. A., u. A. Heising: Die Bestimmung des Energieverbrauches im Respirationsversuch. Mitteilung über die Methoden des Max-Planck-Institutes für Arbeitsphysiologie (1951)
Müller, E. A., u. G. Solbach: Die Gasanalyse nach Haldane. Mitteilung über die Methoden des Max-Planck-Institutes für Arbeitsphysiologie (1950)
Müller, E. A., und J. J. Reeh: Die fortlaufende Registrierung der Pulsfrequenz bei beruflicher Arbeit. Arb.physiol. 14 (1950) S. 137/46

II. Geräte- und Arbeitsgestaltung

Übersichtsarbeiten

Vennewald, H.: Bedeutung und Zweckmäßigkeit der Werkzeugform. Naturwissensch. 28 (1940) S. 225/31
Vennewald, H.: Der Wirkungsgrad von Mensch und Maschine. Die Umschau, 44. Jrg. (Heft 48) (1940) S. 735
Lehmann, G.: Die Bedeutung energetischer Überlegungen für die Gestaltung der menschlichen Schwerarbeit. REFA-Nachrichten 2 (1949) S. 56/62
Spitzer, H.: Über die rationelle Ausführung der Körperarbeit. Stahl und Eisen 70 (1950) S. 509/15
Spitzer, H.: Physiologische Grundlagen für den Erholungszuschlag bei Schwerarbeit. REFA-Nachrichten 3 (1951) S. 37/42

Treppe und Leiter

Lehmann, G., und B. Engelmann: Der zweckmäßigste Bau einer Treppe. Arb.physiol. 6 (1933) S. 271/82
Matthes, H. U.: Die zweckmäßige Leiter. Arb.physiol. 11 (1941) S. 393/401
Matthes, H. U., A. Müller und E. A. Müller: Die zweckmäßigste Anordnung der Leiter beim Lastentragen. Arb.physiol. 11 (1941) S. 472/80
Karrasch, K.: Das Treppensteigen mit Last. Arb.physiol. (1952)

Schaufeln und Spaten

Wenzig, K.: Beiträge zur Physiologie des Schaufelns. I. Teil Arb.physiol. 1 (1929) S. 154/86, II. Teil Arb.physiol. 5 (1932) S. 252/68
Kommerell, B.: Die Schaufelarbeit in gebückter Haltung. Arb.physiol. 1 (1929) S. 278/95
Kirsch, G.: Untersuchungen über die zweckmäßige Gestalt der Schaufeln. Diss. Berlin-Charlottenburg (1939)
Vennewald, H.: Über die Zweckmäßigkeit von Grabwerkzeugen. Arb.physiol. 10 (1939) S. 647/67

Schieben und Ziehen von Fahrzeugen

Atzler, E., und R. Herbst: Arbeitsphysiologische Studien (Ziehen und Schieben von Wagen). Pflügers Arch. 215 (1927) S. 291/328
Müller, E. A., und A. Müller: Arbeitsphysiologische Untersuchungen an Schubkarren. Arb.physiol. 13 (1943) S. 1/8
Spitzer, H.: Der Energiebedarf des Menschen beim Lastentransport. ZVDI 91 (1949) S. 177/80
Roos, W.: Konstruktive und fertigungstechnische Durchbildung einer Stahlschubkarre. Diplomarbeit Techn. Hochschule Hannover (1951)

Gehen mit und ohne Last

Atzler, E., und R. Herbst: Die Ökonomie des Lastentragens über eine ebene Strecke. Arb.physiol. 1 (1929) S. 54/74
Engelmann, B.: Das Tragen von Lasten über eine ansteigende Strecke. Arb.physiol. 5 (1932) S. 49/66
Plouda: Das Rücken von Brennhölzern. Iffa D 98 (1935)
Spitzer, H.: Der Energiebedarf des Menschen beim Lastentransport. ZVDI 91 (1949) S. 177/80
Müller, E. A.: Der Wirkungsgrad des Gehens. Arb.physiol. 14 (1950) S. 236/42
Glasow, W., und E. A. Müller: Das Tragen schwerer Säcke in der Ebene und auf einer Treppe. Arb.physiol. 14 (1951) S. 322/27
Glasow, W., und E. A. Müller: Das Gehen auf verschiedenen Böden. Arb.physiol. 14 (1951) S. 319/21

Gewichtheben

Atzler, E., R. Herbst, G. Lehmann und E. Müller: Arbeitsphysiologische Studien (Gewichtheben). Pflügers Arch. 208 (1925) S. 184/244

Handgriffe und Stiele

Müller, E. A.: Der beste Handgriff und Stiel. Arb.physiol. 8 (1935) S. 28/42
Herig, F.: Bessere Arbeit durch bessere Griffe. C. Marhold-Verlag, Halle (1951)

Handräder und Handkurbeln

Atzler, E., R. Herbst, G. Lehmann und E. Müller: Arbeitsphysiologische Studien (Kurbeldrehen). Pflügers Arch. 208 (1925) S. 184/244

Hasse, A.: Beitrag zur Ermittlung der günstigsten Arbeitsbedingungen an einer Handkurbel. Arb.physiol. 5 (1932) S. 203/26

Müller, E. A., und A. Müller: Die günstigste Größe und Anordnung von Handrädern. Arb.physiol. 14 (1949) S. 27/44

Sägen

Gläser, H.: Beiträge zur Form der Waldsäge und zur Technik des Sägens. Diss. Eberswalde (1933)

Vorschlaghammer

Meyer, F.: Arbeitsgröße, Arbeitsaufwand und Arbeitsökonomie beim Hantieren schwerer Hämmer. Arb.physiol. 3 (1930) S. 529/57

Fußhebel

Müller, E. A.: Die günstigste Anordnung im Sitzen betätigter Fußhebel. Arb.physiol. 9 (1937) S. 125/37

Schuster, Fr.: Zulässige Kräfte an fußbetätigten Maschinen und Einrichtungen. Maschinenbau — Der Betrieb 18 (1939) S. 331

Koch: Fußbediente Arbeitsmaschinen und Ermüdung. Reichsarbeitsblatt Teil III, Nr. 5 (1941) S. 52/59

Nähmaschinen

Müller, E. A.: Untersuchungen der körperlichen Belastung beim Maschinennähen mit Motor- und Fußantrieb. Rationalisierung 1 (1950) S. 60/61

Fahrrad

Müller, E. A.: Der Mensch als Antriebsmotor des Fahrrades. „Radmarkt" Nr. 8 (1951)

Maschinengestaltung

Schulte: Physiologische Beziehungen zwischen Mensch und Maschine. Diss. Techn. Hochschule Hannover (1951)

Bickel, E.: Anpassung der Maschine an den Menschen. Industrielle Organisation (1951)

Haltearbeit

Müller, E. A.: Übung und Arbeitsmaximum bei statischer Haltearbeit. Arb.physiol. 11 (1940) S. 43/54

Müller, E. A.: Der Einfluß der Ermüdung auf die Durchblutung während statischer Haltearbeit. Arb.physiol. 11 (1940) S. 55/58

Müller, E. A.: Sauerstoffbedarf und -versorgung bei statischer Muskelarbeit beim Menschen und im Tierversuch. Arb.physiol. 11 (1940) S. 59/72

Stuhl und Tisch

Lehmann, G.: Zur Physiologie des Liegens. Arb.physiol. 11 (1941) S. 253/58
Akerblom, B.: Standing and Sitting Posture. A.-B.-Nordiska Bokhandeln, Stockholm (1948)

Hausfrauenarbeit

Droese, W., E. Kofranyi, H. Kraut und L. Wildemann: Energetische Untersuchung der Hausfrauenarbeit. Arb.physiol. 14 (1949) S. 63/81
Wildemann, L.: Untersuchungen über die Arbeit der Hausfrau. REFA-Nachrichten 3 (1950) S. 12/14
Bloch, W., und H. Gfeller: Grundlagen rationeller Küchengestaltung. Industrielle Organisation 20 (1951) S. 107/16

Bauwirtschaft

Baader, E., und G. Lehmann: Über die Ökonomie der Maurerarbeit. Arb. physiol. 1 (1928) S. 40/53
Dressel, G.: Arbeitswissenschaft im Baugewerbe. REFA-Nachrichten 4 (1951), S. 31/36

Landwirtschaft

Farkas, G., J. Geldrich und A. Szakall: Über den Energieumsatz beim Ernten. I. Mitteilung. Arb.physiol. 1 (1929) S. 466/79
Farkas, G., J. Geldrich und A. Szakall: Über den Energieverbrauch bei landwirtschaftlicher Arbeit. II. Mitteilung. Dreschen. Arb.physiol. 2 (1930) S. 97/115
Farkas, G., J. Geldrich und S. Lang: Neuere Untersuchungen über den Energieverbrauch beim Ernten. Arb.physiol. 5 (1932) S. 434/62
Farkas, G., P. Gömöri und F. Than: Über den Nahrungsbedarf der Erntearbeiter. Arb.physiol. 5 (1932) S. 549/68
Farkas, G., S. Lang und F. Leövey: Weitere Untersuchungen über den Energieverbrauch beim Ernten. Arb.physiol. 5 (1932) S. 569/96
Barnstedt, K., und H. Kogelschatz: Die Untersuchung verschiedener landwirtschaftlicher Arbeiten mit Hilfe des Respirationsapparates. Landw.Jb. 76 (1933) S. 861/88
Szakall, A.: Arbeitsphysiologische Prüfung beim Mähen mit einer neuen Sense. Arb.physiol. 12 (1942) S. 1/14
Michaelis, H., und E. A. Müller: Eine arbeitsphysiologische Untersuchung der Melkarbeit. Arb.physiol. 12 (1943) S. 249/63

III. Leistungsfähigkeit und Arbeitsablauf

Graf, O.: Untersuchungen über die Wirkung zwangsläufiger zeitlicher Regelung von Arbeitsvorgängen. I. Mitt. Beiträge zur Erforschung der Arbeitsbedingungen bei Fließarbeit. Arb.physiol. 2 (1930) S. 575/636. II. Mitt. Der Arbeitsablauf bei freier Arbeit. Arb.physiol. 7 (1934) S. 333/57. III. Mitt. Die Schwankungen der Leistungsfähigkeit während des Tages und die Frage einer „physiologischen

Arbeitskurve". Arb.physiol. 7 (1934) S. 381/97. IV. Mitt. Die Regelung des Arbeitsablaufes bei freier Arbeit als optimale Arbeitsform. Arb.physiol. 7 (1934) S. 381/97

Graf, O., und E. Bornemann: Zur Frage der Arbeits- und Pausengestaltung bei Fließarbeit. I. Mitt. Methodische Vorfragen und Einübungsbeobachtungen. Arb.physiol. 11 (1941) S. 185/210. II. Mitt. Über Temporegelung und Pausengestaltung. Arb.physiol. 11 (1941) S. 331/37. III. Mitt. Griffeldstudien bei Fließarbeit mit lockerer Bindung. Arb.physiol. 11 (1941) S. 503/19. IV. Mitt. Bewegungsrhythmus und Bandarbeit. Arb.physiol. 12 (1943) S. 19/30. V. Mitt. Fließarbeit und physiologische Leistungsbereitschaft. Arb.physiol. 12 (1943) S. 332/47. VI. Mitt. Individuelle und generelle Belastung durch Fließarbeit und die Frage der Tempoübersteigerung. Arb.physiol. 12 (1943) S. 348/76

Bornemann, E.: Untersuchungen über den Grad der geistigen Beanspruchung. I. Teil: Ausarbeitung der Methode. Arb.physiol. 12 (1942) S. 142/72. II. Teil: Praktische Ergebnisse. Arb.physiol. 12 (1942) S. 173/91

Graf, O.: Zur Frage der Monotonie der Arbeit und ihrer Bekämpfung. Arb.-physiol. 13 (1944) S. 95/100

Graf, O.: Ein Verfahren zur zwangslosen Steuerung der Arbeitsgeschwindigkeit nach vorgegebenen Arbeitskurven, insbesondere zur physiologisch richtigen Arbeitsablaufregelung. Arb.physiol. 13 (1944) S. 125/39

Lehmann, G.: Ultraviolettbestrahlung als Mittel zur Erhaltung der Arbeitsfähigkeit und zur Gesunderhaltung des arbeitenden Menschen. Zbl. Arb.Med. und Arb.Schutz 1 (1951) S. 1/4

Lehmann, G.: Zur Physiologie des Adrenalins. Dtsch. med. Wschr. 74 (1949) S. 193/97

Lehmann, G., und A. Szakall: Vergleichende anthropometrische und funktionelle Untersuchungen an Jugendlichen. Arb.physiol. 11 (1940) S. 259/330

Hettinger, Th., und E. A. Müller: Wachstumsbedingte Veränderungen der Kraft und Ausdauer der menschlichen Muskeln. Arb.physiol. 14 (1951) S. 332/41

Müller, E. A., und Th. Hettinger: Arbeitsphysiologische Untersuchungen verschiedener Oberschenkel-Kunstbeine. Z. f. Orthopädie, im Druck

IV. Ernährung und Arbeitsumwelt

Kraut, H.: Die ernährungsphysiologischen Grundlagen der Arbeitsleistung. Zbl. Arbeitswiss. 1 (1947) S. 121/26

Kraut, H., und E. A. Müller: Muskelkräfte und Eiweißration. Biochem. Z. 320 (1950) S. 302/15

Kraut, H.: Ernährung und Leistungsfähigkeit. Arbeitsgemeinschaft für Forschung des Landes Nordrhein-Westfalen, Heft 3 (1951)

Kraut, H.: Berechnung des Nahrungsbedarfs im Bundesgebiet als Grundlage einer zu voller volkswirtschaftlicher Leistung ausreichenden Ernährung. Land- und hauswirtschaftlicher Auswertungs- und Informationsdienst, Frankfurt/Main (1951)

Lehmann, G.: Schwitzen und Trinken bei Hitzearbeit. Zbl. Arbeitswiss. 4 (1950) S. 129/35 und 149/53

Scholz, H.: Licht und Farbe im Betrieb. Stahl und Eisen 69 (1949) S. 967

www.ingramcontent.com/pod-product-compliance
Lightning Source LLC
LaVergne TN
LVHW091729021026
849161LV00003BB/526